빨래

빨래

추민주 대본·가사

민찬홍 작곡

씨에이치수박 제작

The Washing

뮤지컬 대본집

ㄴㄴ〉〈ㄷㄴ

일러두기

1. 노래 가사는 굵은 글씨로 적었습니다. 노래 중간에 말로 표현되는 부분은 일반 대사와 같은 글씨로 구분했습니다. 노래와 대사가 함께 이어지는 장면을 상상하며 읽으신다면, 뮤지컬 특유의 리듬과 감정을 더욱 생생하게 느끼실 수 있을 것입니다.

2. 대본은 작가의 손에서 시작되지만 공연중 배우들의 입을 통해 현장에서 나온 말이 대사가 되어 완성되는 경우가 많습니다. 대본이 크게 바뀌거나 노래가 추가되었던 프로덕션에 참여한 배우들의 이름을 히스토리에 밝혀두었습니다.

목차

창작 노트

〈빨래〉는 실제 반지하에 살던 제가 옥상에서 빨래를
널다가 외국인 노동자이자 이웃집 청년을 만난 날 써내려간
일기에서 시작되었습니다. 서울 하늘 아래 골목골목
나부끼는 빨래들을 보며 저마다의 삶이 지닌 무게와 흔적,
그리고 그것들을 씻어내고 다시 입고 살아가는 우리의
모습을 떠올렸습니다.

〈빨래〉가 처음 쓰여졌던 이천년대 초반, 한국 사회는
비정규직 문제와 이주노동자 차별, 치솟는 집세와 불안한
청년 세대의 삶으로 흔들리고 있었습니다. 외국에서뿐만
아니라 지방에서도 서울로의 이주가 가속화되던
시기였습니다. 그러나 그 속에서도 우리는 서로에게
"안녕"이라고 인사하며, 하루를 버티고 내일을 꿈꾸었습니다.

이 작품은 그런 마음에서 출발했습니다. '빨래'라는 일상의
행위가 얼룩을 지우고, 먼지를 털어내고, 햇볕에 말려내는
과정인 것처럼, 우리의 슬픔과 상처도 씻겨나가길 바라는
마음으로 가사를 써나갔습니다. 그리고 그 가사와 어울리는
악기로는 기타와 하모니카를 떠올렸습니다. 노래에는 힘이
있어서 힘든 현실의 이야기도 노래로 표현한다면 재미있는
공연이 될 수 있다고 믿었기에 이 이야기는 처음부터 뮤지컬
대본으로 쓰여졌습니다.

참고로 2003년 처음 이 대본을 쓸 때 참고했던 이주노동자들의 인터뷰 중 일부가 극 중 대사와 가사가 되었음을 밝혀둡니다. 그중에서도 "때리면 아프고 슬프면 눈물나는 사람"은 『말해요, 찬드라』(이란주, 삶이보이는창, 2003)에 실린 이주노동자의 증언에서 비롯되었습니다. 본 작품 〈빨래〉는 이주노동자들의 현실과 목소리를 생생히 담은 그 기록집의 진심어린 외침에 깊이 공감하며 그들의 증언을 가사로 옮겼습니다.

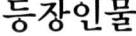

등장인물

나영	27세. 서울살이 오 년 차, 직장인.
솔롱고	25세. 서울살이 오 년 차, 몽골에서 온 이주노동자.
주인할매	69세. 본명 이기조. 집주인.
희정엄마	42세. 본명 임미숙. 나영의 옆방에 살고 있다.
구씨	42세. 희정엄마의 동거남.
정둘이	39세. 주인할매의 딸. 중증 장애인. 방안에서 들리는 목소리만으로 그 존재를 알 수 있다.
마이클	23세. 필리핀에서 온 이주노동자. 솔롱고와 함께 옥탑방에서 살고 있다.
김지숙	35세. 제일서점 직원. 서점 여사원 중 경력이 제일 길다.
남직원	29세. 제일서점 직원. 대졸. 근무한 지 삼 년.
신입직원	22세. 제일서점 직원. 근무한 지 삼 개월.
빵	51세. 제일서점 사장. 본명은 엄훈성.
빵아들	26세. 제일서점 과장.

슈퍼주인

직장여성

이삿짐 아저씨

제일서점 손님

공장장

공익요원

버스기사

직장인

일용직 노동자

작가

출판사직원

주인집사내

조씨

배경

무대 배경

나영과 솔롱고의 동네는 옥탑방과 반지하방이 딸린 오래된 다가구주택이 빽빽하게 들어선 곳이다.

시대적 배경

이천년대 초반 일자리를 찾아 지방에서 서울로 오는 젊은이들의 숫자가 기하급수적으로 늘어났고 한국 주변 국가에서도 일자리를 찾아온 외국인들이 눈에 띄게 많아졌다. 주인공과 그 이웃이 사는 반지하방과 옥탑방은 한국의 급격한 도시화 과정과 주택난 속에서 저렴한 주거 대안으로 자리잡은 지 한참되었다. 또한 이 작품은 IMF를 통과하면서 일자리가 불안정해지고 부당해고로 고통받는 사람들이 늘어난 시기를 배경으로 하고 있다. 지금도 주거 불안정과 노동에 대한 부당함이 주는 힘듦은 여전하기에 이 작품의 시대적 배경은 지난 과거가 아닌 현재다.

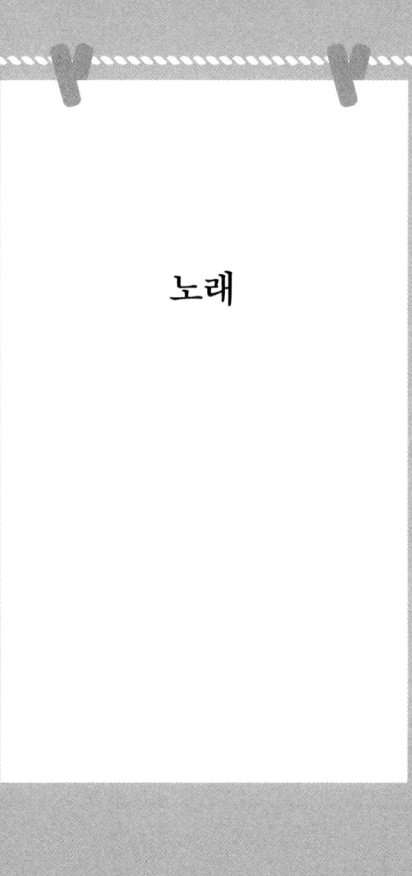

노래

1막

2막

---

1 뮤지컬에서 리프라이즈(Reprise)는 이전에 등장했던 멜로디나 곡을 극중 상황에 맞게 변형하거나 반복하여 다시 부르는 것을 의미한다.

2 이란주, 『말해요, 찬드라』, 삶이보이는창, 2003.

1막

1장

골목길에 트럭이 정차하는 소리.

이삿짐 아저씨   여기 골목이라 차 대기 힘드니까 얼른 갔다
              와요.
나영   네.

음악과 함께 무대 밝아진다.

토요일 오후. 좁은 골목길.
저마다의 이유로 골목을 분주히 오가는 사람들.
나영, 이삿짐 아저씨는 짐을 옮기기 시작한다. 슈퍼주인은 나영의
짐을 이리저리 살핀다. 이삿짐의 대부분은 책이다.
퇴근하던 솔롱고, 골목길에 등장. 나영이 떨어뜨린 책을 발견한
솔롱고, 나영에게 책을 건넨다.

1. 서울살이 몇 핸가요?

모두

서울살이 몇 핸가요?

서울살이 몇 핸가요?

언제 어디서 왜 여기 왔는지 기억하나요?

서울살이 몇 핸가요?

서울살이 몇 핸가요?

언제 어디서 무슨 일 있었는지 마음에 담고

살아가나요?

슈퍼집 부부

서울살이 십 년, 세번째 적금 통장 해지

어디 어디 살아보셨나요?

봉천동, 석관동, 미아리, 옥수동

다니고 다니다 깨진 건 적금통장

그리고 부부금실

직장여성

서울살이 육 년, 네번째 직장

최저임금액 꼴랑 만 원[3]이면 말 다했죠

생리휴가, 육아휴직 그런 것들은 없어요

짤리고 짤리다 늘어난 건

술, 담배, 그리고 변비

나영

---

3 2003년, 연극원 졸업 공연 대본에는 당시 법정 최저임금 월 환산액을 고려해 "오십이 만사천오백구십 원"이라는 가사가 있었다. 이후 매 공연마다 해당 연도의 최저임금액에 맞춰 가사를 수정해왔으며, 현재 2025년 무대에서는 약 만 원이 넘는 최저임금을 반영해 "꼴랑 만 원"으로 가사를 고쳤다.

서울살이 오 년, 여섯번째 이사

낡은 책상, 삐걱이는 의자

보지 않는 소설책, 지나간 잡지

고물 라디오, 기억이 가물가물한 편지

그런 것들은 버리고 와요

버리고 버려도 늘어난 건

세간살이, 집세

그리고 내 나이

모두

언어갈 것이 많아 찾아왔던 여기

잃어만 간다는 생각에 잠 못 드는 우리

당신과 내가 만나고 헤어지는 동안

서울살이 늘어갑니다

아아아~

무대는 골목길에서 나영의 반지하방으로 바뀐다.

이삿짐 아저씨가 방에 커튼을 다는 동안 나영은 낮은 책상을 들고

방안에 들어온다. 책상 위에는 스탠드와 읽다 만 책들이 놓여

있다.

이삿짐 아저씨   (웃돈을 기대하며) 계산합시다.

나영   (돈봉투를 건네며) 고생하셨어요, 아저씨.

이삿집 아저씨　(돈봉투를 들여다보고는 살짝 실망하며) 이사
　　　　　　　　　싸게 한 거야. 잘살아요.

나영　　　　　안녕히 가세요!

이삿집 아저씨가 퇴장하자마자 나영의 방문을 밀고 들어오는
주인할매.

주인할매　　　대문 앞에 박스들은 다 버리는 겨? 아따,
　　　　　　　　　커튼도 달았네. 전기세는 매달 만 원씩,
　　　　　　　　　수도세는 두 달에 만 원씩, 여름엔 이천 원씩
　　　　　　　　　더 내. 물 쓰고 나면 양수기 꼭 누르고……
　　　　　　　　　인자 잔금 치러야지.

나영　　　　　(긴장하며) 네.

나영은 주인할매에게 두툼한 돈봉투를 전달하고 주인할매는 방
열쇠와 계약서가 든 봉투를 내민다.

주인할매　　　이달은 없고 다음달부터 삼십만 원씩 내.
　　　　　　　　　밀리면 보증금 오백에서 확 까는 거여. 잘
　　　　　　　　　알제?

나영　　　　　……빨래는 어디다 널어요?

주인할매　　　(잔금을 세다 말고) 돈 세는데 헷갈리게……
　　　　　　　　　밖에 빨랫줄에 널든가 옥상에다 널든가.

샥썬 젊으니께 올라갈 만할 거여. 그려도
속꼬쟁이는 방안에다 널어잉. 말 안 해도
알제? (잔금을 세려다 말고) 들어가서
세어봐야것네. (방을 나가려다 전기장판을
발견하고는 단호하게) 전기장판은 안 뒤야.
세금이 너무 많이 나와.

주인할매 퇴장.
휴대폰 진동 소리.

나영　　　　(휴대폰을 귀에 대며, 환하게) 엄마나? 이사
　　　　　　잘했지 뭐. 주인도 개안아요.

주인할매 목소리　화장실 불은 누가 켜났어?

구씨 목소리　사람 있어요.

나영　　　　가스불도 잠갔고 문도 꼭 잠갔어. 시집은 뭐
　　　　　　혼자 가나? 돈도 없고, 남자도 없고…… 시집이
　　　　　　그리 좋은 거면 엄마나 시집가지, 나보고 가라
　　　　　　해? 엄마, 또 공중전화래요? 집 전화로 하지 뭐
　　　　　　또 공중전화로 해요. 가을밤이라 추워요. 언능
　　　　　　들어가요. (전화를 끊는다)

나영, 걸레로 방을 훔치며 정리한다.

나영

　　　서울살이 오 년, 여덟번째 직장

　　　아니, 아홉 번인가

　　　연애는 두 번

　　　차인 게 한 번, 심하게 차인 게 한 번

　　　사랑하다 남은 건 쓰다 남은 콘돔
　　　서울 올 땐 꿈도 많았었는데
　　　삼사 년 돈 벌어 대학도 가고
　　　하지만 혼자 사는 엄마한테 편지 한 줄 못 쓰는
　　　내 꿈은…… 내 꿈은……
　　　나의 꿈 닳아서 지워진 지 오래
　　　잃어버린 꿈
　　　어디, 어느 방에 두고 왔는지
　　　기억이 안 나요

나영, 일기장을 펼친다.
멀리서 개 짖는 소리, 고양이 울음소리가 들리다가 사방이
조용해진다. 그 순간, 기괴한 신음소리가 들린다.
놀란 나영, 방문을 꼭 잠근다.

암전.

2장

다음날, 일요일 아침.

옥상에서 빨래를 널고 있는 솔롱고와 마이클. 솔롱고는 빨래를 널면서 마이클에게 한국어를 가르친다. 옥상 난간에 한국어 교재가 펼쳐져 있다.

솔롱고	안녕하세요?
마이클	안녕하세요?
솔롱고	오늘 날씨가 어떻습니까?
마이클	날씨가 좋습니다.
솔롱고	어디에서 오셨습니까?
마이클	(자신있게) 나는 필리핀 왔습니다.
솔롱고	(틀린 부분을 강조하며) 필리핀 '에서' 왔습니다.
마이클	필리핀, 에서 왔습니다.
솔롱고	학생입니까?
마이클	네. (솔롱고의 눈치를 살핀 다음) 아니요, 공장에 다닙니다.
솔롱고	잘했어, 마이클.
마이클	(웃음)

솔롱고	한글 공부하기가 어떻습니까?
마이클	한글 공부는 어렵습니다.
솔롱고	그래, 어려워. 하지만 아주 잘하고 있어.
	일하기가 어떻습니까?
마이클	좆같습니다.
솔롱고	마이클!

2. 나 한국말 다 알아

마이클

나 한국말 다 알아
아파요, 돈 줘요, 때리지 마세요
나 한국말 다 알아
빨리빨리, 이 자식, 저 자식
개새끼, 십새끼

내 이름은 마이클인데
야, 인마! 이 자식이!
내 이름은 마이클인데
나더러 불법 사람이라고?
아침부터 욕하기 싫은데 배운 게 욕이네
아침부터 욕하기 싫은데 배운 게 욕이네

나 한국말 다 알아

반말하지 마세요

욕하지 마세요

못된 말 하지 마세요

한국말 하고픈 말

나 멋진 놈이에요

보세요 보세요

간주 동안,

마이클의 필리핀 친구들이 무대 양옆에서 "마이클!" 하고 부르며

등장한다.

옥상 위에 있던 마이클, 환호에 이끌리듯 무대 아래 중앙으로

내려온다. 마이클의 랩과 친구들의 댄스가 이어진다.

노래도 잘하고

춤도 잘 추고

조크도 베리 굿

얼굴도 베리 베리 베리 굿!

나 한국말 다 알아

나 한국말 다 알아

나 한국말 다 알아

노래가 끝나면 필리핀 친구들은 타갈로그어[4]로 즐겁게 수다를
떨며 퇴장.

마이클   (나가다 멈춰 서서) 솔롱고, 같이 간다.

             대학로, 성당, 친구들 많다.

솔롱고   집에서 쉴래. 잘 갔다와.

마이클   오우케이.

솔롱고   마이클! 술 많이 마시지 마.

마이클   (장난스럽게) 지키지 못할 약속은 하지

             않겠어.

혼자 남은 솔롱고, 잠시 하늘을 올려다본 다음 책을 꺼내
읽는다. 그 순간, 건너편 옥상에 나영이가 빨래를 들고 올라온다.
인기척을 느낀 솔롱고는 고갤 들어 빨래를 널고 있는 나영을
발견한다. 솔롱고는 인사를 건네려다 주춤한다. 곧 빨랫줄에 널어둔
젖은 남방을 걷어 러닝셔츠 위에 급히 입는다.

솔롱고   안녕하세요?

나영   (고개만 살짝 숙여 인사한다)

솔롱고   날씨 좋죠?

나영   ……네.

4   타갈로그어는 필리핀 제1언어로 사용하고 있는 말.

34

솔롱고	어제 이사 오는 거 봤어요.
나영	아, ⋯⋯네.
솔롱고	(나영의 표정을 살피며) 저는 몽골에서 왔어요. 한국 사람이랑 똑같이 생겼죠?
나영	한국말 잘하시네요.
솔롱고	여기 온 지 오 년 됐어요.
나영	네.
솔롱고	뭐하세요? 학생이에요?
나영	아니요.
솔롱고	회사 다녀요?
나영	⋯⋯
솔롱고	제가 말 거는 거 싫은가봐요?
나영	아니요. 저 먼저 가볼게요.

나영은 빨랫줄에 널어둔 속옷만 살짝 걷어서 옥상 계단을 급하게 내려간다.
솔롱고는 나영이 사라진 곳을 바라본다.

3. 안녕

솔롱고

안녕

일요일에 나타난 사람

파란 하늘 아래

서 있는 아름다운 사람

내 맘을 두드리네

언제까지나

파란 하늘 아래

서 있을래

다시 만날 때까지

안녕

비야 오지 말아라

빨래 널러 와야지

일요일엔 오지 말아라

아~ 아~

언제까지나 파란 하늘 아래 서 있을래

다시 만날 때까지 다시 만날 때까지

안녕

솔롱고 퇴장.

무대는 반지하로 바뀐다.

희정엄마의 방문이 빼꼼 열린다.

숨소리도 참아가며 문밖으로 한발 한발 나오는 희정엄마.

화려한 화장과 요란한 옷차림에 한 손에는 대야를 들고 있다.

희정엄마, 문 앞에 붙어 있는 종이를 발견한다. 그 종이에는 희정엄마의 밀린 월세와 세금이 적혀 있다. 희정엄마는 종이를 떼어 읽어본 뒤 다시 붙여놓는다.

주위를 살피며 아무도 없는 것을 확인한 다음에야 빨랫줄 앞에 멈춰 서는 희정엄마.

희정엄마　　(빨랫줄에 가득 널린 기저귀 천을 보며)
　　　　　　빨랫줄 전세 냈어?
　　　　　　자기가 집주인이면 다야? 빨래를 널 데가
　　　　　　있어야지. 널 데가.
　　　　　　(기저귀 천을 거칠게 밀쳐내고, 들고 온 남자
　　　　　　속옷과 양말을 널며 흥얼거린다)

잠옷 바지 차림의 구씨가 눈치를 보며 등장.

구씨의 기척을 들은 희정엄마, 한걸음에 다가간다.

희정엄마　　왜? 자기 속이 안 좋아?
구씨　　　　똥을 한바가지 쌌어.

둘은 웃으며 서로에게 눈길을 떼지 못한다.

인기척을 느낀 구씨가 희정엄마를 두고 방으로 부리나케
들어간다.
희정엄마, 나영을 빤히 본다.

희정엄마   아가씨가 옆방에 새로 이사 온 모양이지?

나영   안녕하세요?

희정엄마   나이가 몇 개야? 학생은 아닌 것 같고 어디서
일해?

나영   저, 나이는 스물일곱이구요. 학생은
아니구요…… 서점에서……

희정엄마   (나영의 말을 자르며) 물어서 또 뭐하겠어.
해 바뀌면 사람 바뀌고, 하도 바뀌어서 그때
그 방에 누가 살았는지 그 사람이 그 사람
같고 그렇지 뭐. 이봐, 아가씨! 주인할머니가
수도세하고 똥세 얼마씩 내라고 해?

주인할매 등장. 희정엄마, 크게 놀란다.
주인할매가 끌고 온 접이식 손수레에는 빈 박스와 폐지가
차곡차곡 단단히 묶여 있다.

주인할매   희정엄마, 아따 오랜만이여. 오메, 나는 이사를
가버린 줄 알았어. 근데 아직 여기 살고
있었어? (기저귀를 가리키며) 빨래는 왜

밀어놓구 지랄이여? 희정엄마! 쩌저번 달
방값, 저번 달 방값, 이번달 방값, 그리고
전기세, 물세, 변소세 내야지. 문 앞에 붙여논
거 봤재? 희정엄마, 자꾸 이러면 이 집서
나갈 때 보증금 한푼 못 건지고 나가는 거여.
동대문서 옷장사 한다믄서, 그 옷 팔아서 다
어따 쓰는 겨?

희정엄마   아유, 내요. 낸다니까! (목청껏 소리를 지른 뒤,
자기 방으로 쏙 들어간다)

주인할매   서방이 찾아왔다 하면 쌈박질부터 해대면서,
뭣이 좋다고 또, 빨래까지 해대는지……
(희정엄마의 뭉쳐진 젖은 빨래를 제대로
펼친다) 샥시도 저기 희정엄마처럼 찾아올
거시기 있으면 말혀. 어차피 자주 올 거면
전기세 물세 더 내야지 않것어?

나영   걱정하지 마세요.

주인할매   걱정이 되네.

희정엄마 방문이 다시 열린다.

희정엄마   (옷 한 벌을 건네며) 나는 이 옷 주인이 어디
계셨나 했더니 여기 계셨네.

주인할매   너무 요란스러운 거 아녀?

희정엄마	(불쌍한 표정으로) 당분간 좀 봐주세요.
주인할매	당분간 같은 소리 하고 있네. 요것 갖고는
	어림도 없재! 방값이나 내!

주인할매, 희정엄마가 준 옷을 들고 퇴장.

기다렸다는 듯 희정엄마 방문이 열리고 구씨가 슬며시 나온다.

양복을 빼입은 구씨는 출입구에 서서 희정엄마를 기다린다.

희정엄마	아가씨, 주인할매가 나보고 어쩌구저쩌구
	했지? 자기 처지나 내 처지나. 아가씨 이름이
	뭐야?
나영	서나영이에요.
희정엄마	나영이? 이름은 이쁘다.
구씨	(희정엄마에게) 배고파서 죽겠다더니……
	어서 가자!
희정엄마	(지갑에서 명함을 꺼내 주며) 동대문에 옷
	사러 올 때 한번 들러.
	청평화 408호. 엘리~제. 그럼, 또 봐!
나영	다녀오세요.
희정엄마	(구씨의 팔짱을 끼며) 우리 뭐 먹을 건데?
구씨	돈까스?

희정엄마, 환하게 웃는다. 둘 퇴장.

암전.

3장

제일서점. 영업 준비 시간.

남직원   애기 들었어?

신입직원   추석 보너스 없대요?

남직원   빵 말이야, 국회의원 선거에 나간대. 내 참,
가지가지해요.

신입직원   근데 왜 '빵'이에요?

남직원   아직 못 들었나보네. 있어요, 사장이 눈물을
뚝뚝 흘리면서 빵을 먹는데 햇빛이 자기를
쫘악 비추더니, 새들도 자기한테 와서 "힘을
내요 힘을 내요" 이렇게 말했대.

신입직원   어떻게 새들이 말을 해요. 말도 안 돼. 말도 안
돼.

김지숙 등장.

김지숙   조심해. 명절이라 바빠서 실수하기 쉬우니까.
정산 잘못해서 괜히 흠잡히지 말고.

신입직원   언니, 요새 그 빵아들, 너무 설치지 않아요?

지가 사장 아들이면 아들이지 어쩌나 잘난
척을 하시는지, 또 신입직원들한테 껄떡대요.
짜식, 보는 눈은 있어 가지구. 아버지나
아들이나……

김지숙　(신입직원의 말을 자르며) 남 얘기 길게 할 거
없어. 아무튼, 바빠도 택배 수량 제대로 맞춰.
알았지?

김지숙 **퇴장**.

신입직원　(눈치를 살피며) 정대리도 나갔는데, 누가
대리로 승진할까요? 김지숙씨 아니면……
(남직원을 쳐다본다)

남직원　나야 뭐, 되면 좋지. 다들 김지숙씨 차례라고
하는데, 정대리도 김지숙씨 제끼고 대리 된
거잖아. 이번에도 물먹을 걸. 한 직장 오래
다닐 거 못 돼요.

김지숙 등장해서 남직원의 이야기를 듣고 있다.
나영이 숨을 헐떡이며 들어온다.

나영　안녕하세요?

김지숙　왔어? 이사 잘했어?

신입직원   늦었네요.

남직원   서나영씨, 지각!

빵아들, 하품하며 등장.

빵아들   굿모닝 에브리원~

4. 어서 오세요, 제일서점입니다

직원 모두

어서 오세요 제일서점입니다

어서 오세요 제일서점입니다

어서 오세요 제일서점입니다

어서 오세요 제일서점입니다

신입직원

여름휴가 돈 없어 바다 구경 가기 힘든 아저씨

김지숙

추석 연휴 시집 가란 잔소리 싫어 고향 못 간
아가씨

남직원

크리스마스이브 애인 없어 홍대에 못 간
청춘남녀, 오 노!

빵아들

　　사업에 성공하고 싶은 아저씨, 다이어트

　　성공하고 싶은 아줌마

남직원

　　시험에 붙고 싶은 고삼, 새로운 침실 테크닉

　　원하는 부부

나영

　　막연한 인생에 문학의 온기 찾는 소녀

김지숙

　　아직도 인문학에 힘이 있다고 믿는 교수

직원 모두

　　내년 운세가 궁금한 사람들

　　어서 오세요, 제일서점입니다

간주 동안,

서점 영업 시간의 반이 흘러간다. 분주하게 일하는 점원들.

크게 울리는 전화벨 소리.

남직원

　　책방, 팬시, 음반, 패스트푸드 구분이 너무 안

　　되는 게 탈이지만

신입직원

　　편히 책 볼 자리 없다는 것, 너무 시끄럽다는

게 흠이지만

빵아들

책 찾는 일 불편해서 도움을 요청해야 되는 게
귀찮지만

손님 등장.

직원 모두

어서 오세요   제일서점

제일서점입니다   제일서점

어서 오세요   제일서점

제일서점입니다   제일서점

손님   아껴 먹는…… 아껴 먹는……

남직원   아껴 먹는 건강식? 아껴 먹는 경제학?

손님   아껴 먹는……

나영   '아껴 먹는 슬픔[5]'

　　　　　　　시집은 일 번 코너로 가시면 작가별로

　　　　　　　정리되어 있습니다.

손님 퇴장.

5　유종인, 문학과지성사, 2001.

(객석을 향해) 난 시집이 좋아요.

헤세, 가네코 미스즈[6]도 서점직원 출신

작가였죠.

나도 서점에서 일하면 작가는 못 돼도 책은 좀

볼 줄 알았죠.

고정희[7] 시인을 좋아해도 자기계발서를 맨

앞에 진열하는 난, 서점 직원!

신입직원

무릎 위 십오 센티미터 타이트한 치마 입고

책장 맨 밑에 있는 책을 꺼낼 때

남직원

책에 손을 베일 때

우릴 무시하는 손님 만날 때

김지숙

정산이 잘 안 맞을 때

나영

연장 근무할 때

직원 모두

힘든 우리들

6   가네코 미스즈(1903~1930)는 생명과 자연을 따뜻하게 노래한 일본의 동요 시인이다.

7   시인 고정희(1948~1991)는 여성의 현실과 민중의 고통을 노래한 한국의 대표적인 여성주의 시인이자 사회참여적 지식인이다.

앗

남직원　　　　빵!

빵 등장.

빵　　　　　　청년들이여 일하라, 좀더 일하라, 끝까지
　　　　　　　　열심히 일하라!

김지숙　　　　정답! 비스마르크. (자신만만한 표정으로)
　　　　　　　　모두 위치로!

직원들이 일사천리로 움직인다.
계산대 위에 놓인 컴퓨터에서 게임 소리가 들린다. 빵아들은
계산대로 달려가서 컴퓨터 게임을 끄려고 하지만 당황한 나머지
잘 꺼지지 않는다. 김지숙, 노련하게 빵아들을 도와서 게임
소리를 끄고 사태를 정리한다. 이후 빵에게 서류를 들고 가
사인을 받는다. 남직원은 김지숙을 의식하며 사장 눈에 들기 위해
애쓴다.

빵　　　　　　인터넷 검색한다고 컴퓨터 앞에서 오락하지
　　　　　　　　마라. 잡담하지 마라. 명절 벌어 일 년
　　　　　　　　묵는다. 재고 파악 제대로 하고. 로스 생긴
　　　　　　　　거 다 물어내라 할끼다. 복장 단정히 하고.

(나영에게) 니, 니 일로 와바라.

나영, 사장에게 다가간다.

빵　　　　　여직원 이름표가 이래 삐뚜름해서 되겠나?

사장이 나영의 가슴팍에 달린 이름표로 손을 뻗자 나영은 급히
한걸음 뒤로 물러난다.

나영　　　　（큰 소리로） 제가 할게요.

모든 직원, 사장의 행동을 눈치챈다. 마침 계산대로 손님이 책을
들고 오자 빵아들은 아버지가 들으라는 듯이 큰소리로 손님에게
인사를 한다.

빵아들　　　　어서 오세요!
빵　　　　어서 오이소!

손님은 계산대로 가서 멈춘다.

직원들　　　　이런 엿같은 기분 들 땐 무슨 책?
나영　　　　책은 무슨 책!

빵, 빵아들

어서 오세요, 제일서점입니다.

남직원, 신입직원, 나영

엿같은 엿같은 엿같은 엿같은

김지숙   (손님에게) 이십오만삼천육백 원입니다.

손님 계산하고 퇴장.

빵   제일서점이 상장 기업이 됐다. 이제
구멍가게가 아니란 말이다. 알겠나?

직원들은 목이 터질 듯 구호를 외친다.

직원들   제,일,서,점,상,장,기,업. 미래를 향해! 세계를
향해!

빵   잘했어!

직원들은 사장의 지시를 듣기 위해 마치 군인처럼 일렬로 선다.

빵   니! (나영을 가리킨다) 니, 상장이 뭔 줄 아나?

나영   ······

빵   상장이 뭔 줄 모른단 말인가? 개근상 할 때

그 상짱이 아니란 말이다. 쪼만한 책방부터
시작해서 상장 기업이 그냥 된 기 아니란
말이다. 야망은 휴식이 없다!

직원들 나폴레옹! 히틀러!

직원들, 사장의 명언 퀴즈를 맞추기 위해 저마다 손을 들어
"정답"을 외치는 가운데 김지숙이 여유 있게 정답을 말한다.

김지숙 러튼.

남직원 (김지숙의 말을 가로채서 큰 소리로) 정답,
러튼!

남직원이 김지숙의 정답을 가로챈 것을 사장은 모른 척한다.

빵 잘했어! (남직원 어깨를 토닥이며) 상장
기업이 됐다고 만족할 일이 아니라 여기서 더
나아가야 한다. 미래를 향해서, 세계를 향해서!
(남직원을 보고) 지금 뭐하는 거야?

남직원 사장님의 말씀, 전부 메모하고 있었습니다.

빵 이리 와! (남직원 어깨를 토닥이며) 잘했어!

빵은 매장에서 나가려다 멈춰 선다.

빵	김지숙이는 상품권 관리 잘 하고.
김지숙	네.
빵	아들!
빵아들	(겁에 질린 목소리) 네!

빵아들은 아버지를 뒤따라 퇴장한다. 뒤돌아서서 가는 사장을 향해 허리를 숙여 인사하는 서점 직원들.

남직원	사장님!
직원들	사랑합니다!

매장 마무리 인사 방송이 흘러나온다.
서점 간판 불이 꺼지자, 직원들의 얼굴에 밝고 설레는 기운이 감돈다. 빵아들이 매장으로 돌아와 직원들 앞에 선다.

빵아들	다들 추석 연휴 앞두고 손님도 많고 일도 많은데 그래서, 저⋯⋯ (숨을 길게 들이쉰다) 다들 수고가 많습니다. 아, 씨. 아빠는 이런 걸 날 시켜가지구⋯⋯

직원들의 수군대는 소리.
빵 등장.

빵	뭐하노, 이 짜슥아.
빵아들	(겁에 질려) 아, 아시다시피, 가, 가을인데요. 책 판매량이 떨어졌습니다. 그래서 도, 독서의 계, 계절이라는 슬로건으로 특정 품목 할인하겠습니다. 그, 그래서 (한숨) 내, 내일부터 매, 매장 오픈 시간을 두, 두, 두, 두 시간 더 연장하겠습니다. 각 세, 세일 품목들 판매량, 설정 발, 주, 해주세요! (직원들에게 간곡하게) 안 그러면 나만 아빠한테 욕먹는단 말이에요.

직원들, 불만 가득한 표정을 숨기기가 어렵다.

빵	제가 눈물을 뚝뚝 흘리가면서, 빵을 먹어 가면서 이 서점을 세운 지 삼십 년 만에 최대 위깁니다. 이 위기를 이기냅시다. 제가 한참 어려울 때는 빵으로 끼니를 때울 때가 많았습니다. 콱 죽어야겠다는 심정으로 한강 앞에서 빵을 씹고 있으마, 햇빛이 나를 쫘악 비추는데, 어디서 새 한 마리가 날아와가 "힘을 내요, 힘을 내요……"
빵아들	(하품)
빵	이 자슥이, 아부지 말씀하시는데…… 가시에

찔리지 않고서는 장미꽃을 모을 수가
없습니다. 경제 위기를 이겨낼 수 있도록 모두
합심해서 일합시다.

직원들　　　네!

남직원　　　네, 의원님!

빵　　　(표정을 애써 숨기며) 벌써부터 국회의원은
무슨!

빵이 남직원의 어깨를 토닥이자, 남직원은 기대에 찬 눈빛으로
사장의 얼굴을 쳐다본다.

빵　　　그리고 이번에 인사이동, 보너스! 없따.

빵과 빵아들 퇴장.
김지숙과 나영, 아쉬워하며 퇴장.

남직원　　　(신입직원에게) 내 말이 맞지?

신입직원　　　김지숙씨 물먹을 거라 그랬지, 추석 보너스가
없을 거라 그랬어요?

남직원　　　그게 그거지. 그나저나, 허구한 날 연장
근무라니. 내가 여기를 관두든지 해야지……

신입직원　　　빵! (겁먹은 얼굴로 퇴장)

남직원, 신입직원의 경고를 못 알아채고 불만을 계속

이야기하다가 돌아보니, 빵이 뒤에 서 있다. 남직원, 빵 앞에

무릎을 꿇는다.

빵　　　　　(남직원을 밀치며) 그렇게 일하기 싫으면

　　　　　　　나가라, 이 자식아!

빵 퇴장.

남직원　　　　(절규하며) 사장님, 사장님!

4a. 엿같은!

남직원

　　　　　　　엿같은, 엿같은!

　　　　　　　엿같은, 엿같은!

암전.

4장

한 달 뒤, 선선한 가을밤.

슈퍼주인이 눈치를 살피며 가게 문을 빠져나온다. 슈퍼 앞 야외
테이블에 앉아 캔맥주 뚜껑을 딴다.

5. 자, 건배!

슈퍼주인

> 한 잔 두 잔 마시다보면 어느새 고향 생각에
> 눈물이 글썽글썽 나도 늙었나, 눈물이 웬
> 말인가
> 고향 생각에 술만한 친구가 없고
> 맥주 안주에 오징어만한 안주가 없지
> 오징어는 맥반석 오징어가 최고!
> 자, 다 함께 건배!

간주 동안,

공장장과 함께 솔롱고, 마이클 등장.

마이클과 솔롱고는 슈퍼주인에게 인사한다.

공장장   여기 맥주 좀 줘요.

슈퍼 앞 테이블에 둘러앉는다.

공장장   너희들 열심히 해야 돼. 월급 밀린 건 내가
                 사장한테 얘기 잘해뒀으니까 다음달에
                 한꺼번에 줄 거야. 경기가 나빠, 안 좋아! 문
                 닫는 공장이 어디 한두 군데라야 말이지.
                 여기만한 데 없어. 너희들도 알지?

공장장	솔롱고, 마이클
힘들다고	맥주를 홀짝홀짝
꾀피우지 마	오징어 질겅질겅
알았냐 이 자식들아	맥주를 홀짝홀짝
너희들 돈 벌어	오징어 질겅질겅
고향 가려면	오징어 씹자씹자
여기서 죽었다 생각하고 꾹 참아!	

슈퍼주인, 공장장, 솔롱고, 마이클
                 고향 생각에
마이클
                 술만한 친구가 없고

슈퍼주인, 공장장, 솔롱고, 마이클

　　　맥주 안주에

슈퍼주인

　　　오징어만한 안주가 없지

슈퍼주인, 공장장, 솔롱고, 마이클

　　　오징어는

공장장

　　　맥반석 오징어가 최고

슈퍼주인, 공장장, 솔롱고, 마이클

　　　자, 다 함께 건배!

모두

　　　고향 생각에 술만한 친구가 없고

　　　맥주 안주에 오징어만한 안주가 없지

　　　오징어는 맥반석 오징어가 최고

　　　자! 다 함께 건배!

　　　자! 다 함께 건배!

나영 등장. 퇴근길에 만화책을 보면서 걷고 있다.

솔롱고　　　안녕하세요?

나영　　　(깜짝 놀라며) 네.

나영, 슈퍼로 들어간다. 마이클, 솔롱고를 보면서 웃는다.

공장장	(솔롱고의 표정을 살피며) 누구야?
솔롱고	옆집 사는 여자요.
공장장	안 돼. 한국 여자 좋아했다간 둘 다 맘고생이야.
	불법체류자 신세로는 혼인신고도 못해.
마이클	아이고, 안산 공장 내 친구 하심, 같은 공장
	일하는 한국 여자랑 결혼해 딸 둘 있어요.
공장장	고향에 돈 부쳐주고 나면 자기들 먹고살기도
	힘들 텐데. 애들은 낳아서 어쩌자는 거야!
솔롱고	하심, 아이 좋아해요. 하심 돈 많이 벌어
	카트만두 돌아가요. 그땐 아이 더 많을 거예요.
공장장	카트만두고 찐만두고 간에 단속 조심해!
	단속반이 공장까지 쳐들어오는 판인데 괜히
	니들끼리 쓸데없이 돌아다니지 말란 말이야.
	알았어? 그나저나 너희 둘 다 등록 기한도
	지났는데 어쩌냐? 내가 미치고 팔짝 뛰겠다.
	이제 한국말도 잘하고 일도 꽤 쓸 만한데 등록
	기한만 지나면 내보내라니……
나영	(슈퍼에서 나오며) 안녕히 계세요.

솔롱고는 나영을 바라본다.

슈퍼주인	손님, 책 두고 갔어.

나영	(걸어갔던 길을 되돌아와서) 고맙습니다.
슈퍼주인	만화책이네.
마이클	(나영을 보며) 예쁘다!

순간, 시간이 멈춘다. 가을밤 하늘 아래, 멈춰 선 나영의 머리 위로 별빛이 쏟아진다.

6. 참 예뻐요

솔롱고

>참 예뻐요
>내 맘 가져간 사람
>참 예뻐요
>내 맘 가져간 사람
>가을밤 잠 못 드는 사랑 준 사람
>짧게 웃고 길게 우는 사랑 준 사람
>
>꼭 한 번만 내게 말을 걸어준다면
>꼭 한 번만 웃는 얼굴 보여준다면
>꼭 한 번만 내민 손을 잡아준다면
>밤하늘을 날 수도 있을 텐데

간주 동안,

솔롱고의 상상 속. 솔롱고는 나영과 데이트를 한다.

데이트는 금세 끝나고 눈앞에 멈춰 서 있는 나영은 다른 곳을
향해 있다.

들리나요 내 마음 외치는 소리

보이나요 내 두 눈에 흐르는 눈물

느끼나요 타버릴 것 같은 내 심장

밤하늘을 함께 날고 싶은 사람

솔롱고	공장장, 마이클, 슈퍼주인
참 예뻐요	예뻐요
이런 내 맘 아나요	아나요
참 예뻐요	예뻐요
나와는 다른 사람	아나요

멈춰 있던 시간이 다시 흐른다. 나영은 집으로 향한다.

마이클, 솔롱고에게 따라가라고 손짓한다.

솔롱고 퇴장하고, 무대에는 마이클만 남는다.

마이클, 기분에 취해 노래한다.

마이클

라라라~ 라라라라~ 라라라라라

마이클이 노래를 부르는 동안 무대 전환.

솔롱고, 숨이 차도록 계단을 뛰어올라 옥상에 도착한다.
잠시 숨을 고르던 그는, 자신의 옥상에 날아온 나영의 속옷
빨래를 발견한다.
그것을 집어든 순간, 나영이 빨래를 걷으러 옥상으로 올라온다.

나영은 솔롱고가 자신의 속옷을 들고 있는 모습을 보고 놀란다.
솔롱고는 "바람"이라고 외쳐보지만, 말문이 막혀 한국말이 제대로
나오지 않는다. 결국 손짓발짓으로 그 속옷이 바람에 날려온
것임을 표현한다.

짧은 정적.
나영은 바람에 여기저기 흩어져 있는 자신의 빨래를 보며 오해를
풀고, 솔롱고는 나영의 빨래를 아슬하게 건네준다.

나영   고마워요.
솔롱고   (인사)

머쓱해진 솔롱고는 자신의 옥탑방으로 들어가려고 발걸음을
뗀다.
그때 빨래를 걷던 나영이 솔롱고를 향해 질문한다.

나영	몽골에서 왔다고 했죠?
솔롱고	(나영을 향해 돌아서서 목청껏) 네! 몽골에서 왔어요.

어릴 땐 홉스골 호수 근처에서 양을 치고 살았어요. 홉스골, 맑고 깨끗한 호수란 뜻이에요.

울란바토르에 나와서 대학교를 다녔어요. 울란바토르, 몽골 서울이에요. 러시아문학 공부했어요. 나도 공부하고 동생도 공부하고 싶은데 돈 필요했어요. 한국에 가면 돈 벌 수 있다 해서 여기 왔어요.

7. 내 이름은 솔롱고입니다

솔롱고

내 이름은 솔롱고
무지개라는 뜻이에요
몽골 사람들은 한국을 솔롱고스라고 부르죠
무지개처럼 아름다운 나라
무지개처럼 꿈을 좇아 여기 왔어요

내 이름은 솔롱고

사람들은 나를 솔롱고라 부르죠

한국 사람들처럼 세 글자로

내 이름은 솔롱고

한국 사람 만났어도, 젊은 사람 만나서

이야기할 기회 없었어요.

만나서 반갑습니다

울즈싼다 바야르타이 바이나

솔롱고	만나서 반갑습니다. 몽골말로 울즈싼다 바야르타이 바이나.
나영	울즈산…… 바야르 바나……
솔롱고	(미소 지으며 천천히 손을 들어 발음이 좋다는 뜻을 전한다)

짧은 사이.

| 나영 | 저는 강릉에서 왔어요. 거기, 강원도. (솔롱고의 표정을 살피며) 우리나라 시골. 왜, 우리나라 지도 보면 서울 경기 지방은 왼쪽에 |

있고 오른쪽에 태백산맥이랑 동해안 끼고 있는
게 강원돈데…… 중부고속도로 주욱 타고
가다가 호법인터체인지에서 영동고속도로
빠져서 가다보면 대관령 고개 넘고 강릉시가
나오는데 경포대 쪽으로 가지 말고 소금강
쪽으로 가야 되는데 연곡해수욕장 이정표
나오면 연곡면 영진리로 가면 되는데 거기가
우리집이에요.
……감자, 옥수수, 감자전. 되게 맛있는데,
유명해요. 스물두 살 때까지 거기 있다가 여기
온 지 한 오 년? (말이 자꾸 길어지는데도,
멈추질 못한다) 러시아문학 전공하셨다면서요?
저도 문학에 관심 많아요. 서점에서 일해요.

솔롱고　　대박!

나영은 솔롱고의 칭찬에 쑥쓰러워 고개를 돌린다. 걷다 만 빨래가
눈에 들어오는 나영.

나영　　몽골 사람들은 빨래 어디다 널어요?

솔롱고　　몽골 사람들 게르에 살아요. 하얀 천막. 빨래는
게르와 게르 사이 줄 걸고 널어요.

나영　　거긴 넓은 풀밭이라 빨래가 잘 마르겠네요.
빨랫줄도 넉넉할 테고, 이런 옥상까지

	올라오지 않아도 되고. 옥탑방, 반지하 같은 것도 없겠죠?
솔롱고	네.
나영	내가 살던 시골에도 이런 방은 없어요. 서울, 참 못됐죠?
솔롱고	서울 못된 짓 많이 해도 몽골보다 돈 많이 벌어요. 그래서, 다들 여기 오고 싶어해요. 게르보다 옥탑방 많이 춥고 많이 덥지만, 여기 옥탑방, 하늘과 친해요. 우리도 친하게 지내요. (한 걸음 내딛으며) 내 이름은 솔롱고입니다.
나영	(한 걸음 내딛으며) 내 이름은 나영입니다.

와장창 깨지는 소리.
나영이 옥상에서 내려간다. 희정엄마와 구씨가 싸우는 소리로
동네가 떠들썩하다.

동네사람 목소리 잠 좀 잡시다.
동네사람 목소리 경찰에 신고할 거야.
동네사람 목소리 또, 어느 집구석이야!

구씨는 희정엄마가 던진 대야와 함께 방문에서 밀려나온다.
희정엄마도 방문을 박차고 나온다.

희정엄마	난들 너하고 이러구 살고 싶어서 사는 줄 알아?
구씨	그만해, 이년아!
희정엄마	내가 보증금 오백에 월 삼십만 원 하는 방이 뭐가 좋다고 너 같은 새끼랑…… 아이고……

주인할매, 자다 깬 모습으로 방문을 벌컥 열고 나온다.
이때 옥상에서 내려온 나영도 반지하로 들어서는데 구씨가
눈앞의 대야를 집어들어 희정엄마에게 달려든다. 순식간에
주인할매와 나영까지 휘말린다.

구씨	아가리 닥쳐, 안 닥쳐?
희정엄마	그래 죽여, 죽여보라고. 차라리 죽자!
주인할매	이봐, 구씨! 구씨! 시방 몇 신디 요로코롬 싸우고 지랄이여. 동네 사람들 잠 다 깨우고 말이여.
구씨	그러니까, 그냥 합치자고. 내 새끼, 네가 키우면 네 새끼고 내 부모가 네 부모지.
희정엄마	그게 어째 내 새끼야? 나, 내 새끼도 싫다고 버리고 나온 년이야.
구씨	혼자 사는 과부가 홀애비 자식 좀 키우면 안 되냐? 내가 오지랖이 넓어서 너랑 이러고 살 붙이고 산다, 내가. 씨팔, 우 씨팔…… (주저

앉아 서럽게 운다)

주인할매   아이고, 아이고, 요 화상 좀 봐. 밥 대신
             아가리로 욕만 처먹었네.
             구씨, 이봐, 구씨! 술 많이 자셨네. 이 집엔
             자주 오도 안 하믄서 왔다 하면 싸움질이여,
             싸움질. 희정엄마, 구씨 델꼬 들어가, 얼른.
             동네 사람 그만 깨우고.

구씨   씨팔, 혼자 사는 과부 불쌍해서 같이
             살자는데……

희정엄마   (구씨에게 달려들며) 누가, 누가 불쌍해! 가,
             가서 네 새끼들하구 잘 먹구 잘살아.

희정엄마는 구씨의 머리채를 붙잡고서 엉겨붙는다.

주인할매   방 빼!
             들었어? 희정엄마, 방 빼라고!

싸움을 멈추는 희정엄마와 구씨. 희정엄마가 먼저 방으로
들어간다. 구씨도 희정엄마를 따라서 고개 숙인 채 방으로
들어간다.
나영도 방으로 들어가려는데 이때 들리는 기괴한 음성.

주인할매   (자신에게 다가오는 나영에게) 샥시! 들어가 자.

나영은 주인할매에게 묻지 못한 채 방으로 들어간다. 혼자 남은 주인할매, 눈치를 살피며 옆방 작은 문을 열쇠로 열고 조용히 들어간다.

주위가 고요해진다.

사이.

구씨 목소리　　미숙아!

희정엄마 목소리　왜?

구씨 목소리　　미숙아!

희정엄마 목소리　왜 자꾸 불러?

구씨 목소리　　우리, 돈 벌어 보증금 한 오천에…… 아니다,
　　　　　　　　　보증금 한 팔천에 월 십 하는 데로 이사가자.

희정엄마 목소리　…… 어느 세월에.

암전.

5장

평일 낮. 나영이 사는 집 옥상.

가을바람이 분다.

8. 빨래

나영

> 둘둘 말린 스타킹 아홉 켤레
> 구겨진 바지 주름 간 치마
> 담배 냄새 밴 티셔츠
> 떡볶이 국물 튄 하얀 블라우스
> 발 꼬랑내 나는 운동화 밑창
> 머리 냄새 묻은 베개 홑청
> 손때 묻은 손수건
>
> 난 빨래를 해요
> 오늘은 쉬는 날
> 가을 햇살은 눈부시고
> 바람이 잘 불어

밀렸던 빨래를 해요

빨래가 바람에 마르는 동안
이 생각 저 생각 끝에
엄마 생각……
엄마랑 같이 옥상에 널었던 빨래

난 빨래를 하면서
얼룩 같은 어제를 지우고
먼지 같은 오늘을 털어내고
주름진 내일을 다려요
잘 다려진 내일을 걸치고
오늘을 살아요

빨래를 하면서
얼룩 같은 어제를 지우고
먼지 같은 오늘을 털어내고
주름진 내일을 다려요
잘 다려진 내일을 걸치고
오늘을 살아요

빨래를 다 넌 나영, 솔롱고가 사는 옥상 쪽을 잠시 바라본 뒤
옥상에서 아래로 내려간다.

반지하에는 공익요원이 서류철을 들고 등장.

바람에 떨어진 흰 기저귀 천을 주워든다.

공익요원   (주인할매의 방문을 두드리며) 이기조씨!
　　　　　　　이기조씨!

나영, 빈 대야를 들고 반지하로 등장.

공익요원   (나영에게) 여기 할머니 어디 가셨어요?

나영   잘 모르겠는데요.

공익요원   (대문 밖을 향해) 이기조씨!

공익요원은 주인할매의 대답이 없자 옆방으로 가서 문을

두드린다.

공익요원   정둘이씨! 정둘이씨! 주민센터에서
　　　　　　　나왔습니다.

나영   저기요, 거기 누가 살아요?

공익요원   이 집에 사는 사람 맞아요? (가지고 있는
　　　　　　　서류를 보며) 사지절단형 하반신마비에
　　　　　　　여기 이 방에 이십 년도 넘게 살았네. 어디
　　　　　　　나갔어요? (방문을 두드리며) 정둘이씨!

정둘이씨! 계시면 대답하세요. 호구조사
나왔어요. (문에서 손을 떼며) 또 와야 돼……

**공익요원 돌아서서 떠나려고 하자 정둘이 방안에서 소리가
들린다.**

나영 저기요!

공익요원 정둘이씨, 정둘이씨! 안에 있어요? 제가
확인만 하면 되거든요. 문 좀 열어주세……
(잠긴 방문 손잡이를 잡고 돌리다가 멈추고)
반토막밖에 안 되는 사람을 두고 어디 간
거야? 정말 이 방에 반토막으로 사는 사람 본
적 없어요?

주인할매가 빈 박스를 들고 등장. 공익요원에게 달려든다.

주인할매 (박스로 공익요원을 때리며) 반토막이라니,
반토막이라니 이놈아! 네놈이 저러구 살아가는
사람 맴을 알면 이눔아 고로코롬 말 못 헌다.

공익요원 아니 내가 뭐 말 잘못했어요?

주인할매 뚫린 주둥아리라고 아무 말이나 지껄이면 되는
줄 알어, 이눔아.

공익요원 그럼, 멀쩡히 사는 사람 방문은 왜 잠그고

다녀요?

때리는 것을 멈추는 주인할매.

공익요원   장애인 재판정 기간이에요, 할머니. 정둘이씨,
　　　　　　안에 계시죠?

주인할매   니 말대로 반토막 반송장 못 뒈져서 산다, 이
　　　　　　눔아!

공익요원   확인할 수 있게 방문 좀 열어주세요.

주인할매   (열쇠로 문을 연다) 죽었는지 살았는지 니
　　　　　　눈구녕으로 봐라, 이눔아!

공익요원   왜 때려요? 말로 합시다. 예? (방안으로
　　　　　　들어간다)

잠시 사이.
공익요원은 역겨운 듯 고개를 돌리며 문밖으로 뛰쳐나온다.

주인할매   대가리 돌리지 말고 똑바로 쳐다봐, 이놈아.
　　　　　　살아 있응게 싸는 거여, 싸니까 냄새도 나고.
　　　　　　니는 냄시 안 나는 줄 알아? 이놈아, 산 것들은
　　　　　　다 지 냄새 풍기고 사는 거여.

공익요원   (서류를 내밀며) 제가 확인했으니까요, 여기
　　　　　　지장 좀 찍어주세요.

글자가 눈에 들어오지 않는 주인할매를 위해 지장 찍는 곳을
가리킨다.

공익요원　　　곧 주민센터에서 서류 날아갈 거예요.

공익요원은 집을 나선다.

주인할매　　　기저귀는 주고 가!

깜짝 놀란 공익요원, 들고 가던 기저귀를 주인할매에게 건네주고
황급히 퇴장.

주인할매　　　(나영에게) 이러구 사는 거 다 봤응게, 내 인자
　　　　　　　　샥시 눈치 안 봐도 되겠네.

주인할매가 방안으로 들어가자 딸의 음성이 들린다.

나영은 모녀의 대화를 문밖에서 듣다가 널브러진 빈 박스를
정리하고 자신의 방안으로 들어간다. 잠시 후, 주인할매는 기저귀
빨랫감을 들고 방문 밖으로 나온다.

9. 내 딸 둘아!

주인할매

지겨운 기저귀 벌써 사십 년째여
마흔이 다 되도록 기저귀 신세를 못 면헌
내 딸 둘아! 너도 건넛방 처자처럼
알록달록 치마도 입고 구두도 신고 싶겄지
내 딸 둘아! 너도 희정엄마처럼
남자 만나 아이 낳고 아웅다웅 살고 싶겄지

그러나 어쩌겄냐 이것이 인생인 것을

얼룩 같은 슬픔일랑
빨아서 헹궈버리자
먼지 같은 걱정일랑
털어서 날려버리자

얼룩 같은 슬픔일랑
빨아서 헹궈버리자
먼지 같은 걱정일랑
털어서 날려버리자

네가 살아 있응게

빨래를 하는 것이제
내가 아직 살아 있응게
빨래를 하는 것이제

요것이 살아 있다는 증거잉게
암써랑도 안 허다
요것이 살아 있다는 증거잉게
암써랑도 안 허다

주인할매, 기저귀를 다 넌 다음 빈 대야를 들고 퇴장한다.

6장

비 오는 아침.

마을버스 정류장.

우산을 든 나영 등장. 나영, 익숙한 목소리가 들리자 공중전화
쪽으로 발걸음을 옮긴다.

솔롱고   네 달입니다. 아니요, 세 달 아니고 네
            달입니다. 저번 달에도 똑같이 이야기했어요.
            돈 주세요. 갑자기 공장 나오지 말라고 해놓고
            돈 못 주는 게 말이 됩니까? 마이클은 아파도
            병원 못 가요. 공장장님! 공장장님! 참고
            일하라고 해서 참았는데…… 돈, 주세요!
            여보세요, 여보세요…… 개자식, 개자식,
            개자식.

솔롱고, 나영과 마주친다.

나영   안녕하세요?
솔롱고   (고개를 돌리며) 아…… 네.
나영   (한 걸음 다가서며) 개자식은 좀 그렇다,

개새끼도 있고, 십새끼도 있고, 또……

솔롱고   (작게 미소 지으며) 나 괜찮습니다.

나영   (따라서 미소 지으며) 나도 괜찮습니다.

버스가 도착하는 소리.

마을버스가 정류장에 멈추자 사람들, 우르르 몰려와 차에 오른다.

솔롱고와 나영도 사람들 사이에 섞여 마을버스에 올라탄다.

꽉 찬 마을버스 안, 주인집사내가 무리 속에서 솔롱고를

발견한다.

주인집사내   (큰소리로) 몽고!

승객들 다 같이 고개를 돌려, 솔롱고를 바라본다.

솔롱고   안녕하세요?

주인집사내   오늘 방세 내는 날인 거 알지? 밀리면 방 뺄 때

                돈 못 받아.

솔롱고   아, 예.

일용직 노동자   출발 안 해요?

마을버스가 출발하자 직장인 등장해서 떠난 버스를 붙잡기 위해

달린다.

직장인	기사님!
버스기사	다음 차 타요.
직장인	스탑~!

버스기사, 신호를 놓친 채 급히 브레이크를 밟는다. 승객들이 휘청거린다. 여기저기서 자동차 경적 소리가 겹쳐 울린다.

일용직 노동자　(소리치며) 운전 좀 똑바로 해!

멈췄던 버스가 다시 출발한다.

10. 비 오는 날이면

버스기사

　　　서울살이 삼십 년
　　　버스 안내양으로
　　　시작한 서울살이
　　　구박 설움 멸시도 받았지만
　　　내가 오라이~ 하면 출발하는
　　　버스가 좋았지
　　　남편이 죽고 시작한 마을버스
　　　매일 아침 순대 속처럼 미어터져

비 오는 날이면

좁은 비탈길 오르내리는 일 두렵지만

열두 시간씩 운전대를 붙잡고

술 취한 손님의 삿대질에도

운전대를 꼭 붙들어

운전대는 내 밥줄

내 삶

직장인

서울살이 이 년,

바쁜 게 좋아 서울에서 시작한 직장생활

아는 사람 하나 없이 혼자 사는

기분은 홀가분했지만

아파도 약 한 봉지 사 주는 이 없고

무슨 일 생겨도 연락할 사람 하나 없어

비 오는 날이면

죽었다 깨어나도 회사 가기 싫어

어금니 꽉 깨물고 버티자

속으로 외치지

다음 달 카드값 장난 아냐

장난이 아니야!

솔롱고

서울살이 오 년, 다섯번째 공장

받은 월급보다 더 쌓인 밀린 월급

비 오는 날이면

가족 생각에 온 맘이 저리고

비 오는 날이면

온몸이 쑤셔와요

친구는 아파서 누워 있고

병원 갈 돈 없어

빗물 대신 하늘에서

돈이 떨어지면 좋겠습니다.

나를 무시하고

속이는 사람들

피하는 사람들 많지만

나는 떠나지 못해요

돈을 벌어 꿈을 이루겠다는

턱없는 희망 때문입니다

턱없는 희망 때문입니다

모두

힘들게 살아가는 건

우리에게 남아 있는

부질없는 희망 때문

흔들리는 버스 안에서

흔들리는 내 꿈을

좇아가보지만

남는 건 허탈한 마음뿐

일용직 노동자

누가 안쓰러운 우리 삶을 위로해줄까요?

누가 서글픈 우리 삶을 위로해줄까요?

모두

비 오는 날이면

외롭고 쓸쓸한 마음

우산 하나 받쳐 들고

또 하루를 살아가요

비 오는 날이면

떠나고 싶은 마음

우산 하나로 가리고

또 하루를 살아내요

비 오는 날이면

외롭고 쓸쓸한 마음

우산 하나 받쳐 들고

또 하루를 살아가요

솔롱고	**나영**	**모두**
부질없는 희망	안쓰런 우리 삶	비 오는 날이면
흔들리는 내 꿈	서글픈 우리 삶	외롭고 쓸쓸한 마음

좇아가보지만   누가 위로해줄까요   우산 하나 받쳐 들고
허탈한 마음뿐   또 하루를 살아가요

부질없는 희망   안쓰런 우리 삶   비 오는 날이면
흔들리는 내 꿈   서글픈 우리 삶   떠나고 싶은 마음
좇아가보지만   누가 위로해줄까요   우산 하나로 가리고
허탈한 마음뿐

또 하루를   또 하루를   또 하루를
살아내요   살아내요   살아내요

암전.

2막

7-1장

6장과 같은 날.

제일서점. 유명 작가의 사인회를 위한 화려한 무대가 준비되어
있다.

안내방송　　오늘도 저희 제일서점을 이용해주시는 고객
　　　　　　여러분께 안내 말씀드리겠습니다. 오늘은
　　　　　　소설 『빨래하는 남자』 작가님의 팬 사인회가
　　　　　　있습니다. 소설 『빨래하는 남자』로 일약
　　　　　　스타덤에 오른 작가님의 책을 사시는 분들은
　　　　　　이십 퍼센트씩 할인해드리고 있습니다.
　　　　　　여러분들의 많은 관심 부탁드립니다. 다시
　　　　　　한번 안내 말씀드리겠습니다. 오늘은 소설
　　　　　　『빨래하는 남자』 작가님의 팬 사인회가
　　　　　　있습니다. 제일서점 팬 사인회에 여러분들의
　　　　　　많은 관심 부탁드립니다.

음악 시작되면 무대 위, 눈부시도록 화려한 조명이 켜진다.

직원들, 빵이 차례대로 등장.

마지막으로 작가 등장.

인기 작가, 화려한 모습으로 나타나 사인회 책상 앞에 앉는다.
빵은 한 손에 핸드마이크를 쥐고 있다.

빵   (관객을 향해) 안녕하십니까? 안녕하십니까,
        여러분! 오늘은 특별히 유명하신 작가님을
        모시고 이렇게 팬 사인회를 열게 되었습니다.
        작가님은요, 소설『빨래하는 남자』외에도
        『빨래하는 고양이』『빨래하는 강아지』
        『빨래하는 새들』등 수많은 '빨래 시리즈'로
        화제를 불러일으켰습니다.
        (관객에게 손짓하며) 작가님께 사인을
        받고 싶으신 분들은 무대 위로 올라오시면
        되겠습니다!

빵이 노래를 부르는 동안 관객들은 서점 직원들의 안내로 줄을
서서 작가에게 사인을 받고 기념 촬영을 마친 뒤 객석으로
돌아간다.
회사 제복 대신 사복을 입은 나영은 관객들 틈에 섞여 작가에게
사인을 받고 퇴장한다.

11. 책 속에 길이 있네

빵

　　　책 속에 길이 있네
　　　책 속에 돈이 있네
　　　책 속에 길이 있네
　　　책 속에

　　　사람은 책을 만들고
　　　책은 사람을 만든다
　　　하루라도 책을 읽지 않으면
　　　입안에 가시가 돋는다

　　　독서는 마음의 양식
　　　남아수독 오거서
　　　형설지공 주경야독
　　　형설지공 주경야독
　　　독서는 마음의 양식

　　　따라 해라!
　　　책 속에 길이 있네

직원들

　　　책 속에 길이 있네

빵

　　　책 속에 돈이 있네

직원들

　　　　　　책 속에 돈이 있네

빵

　　　　　　책 속에 길이 있네
　　　　　　책 속에

　　　　　　아부지 서울 와서
　　　　　　고생고생 쌩고생 한 이유
　　　　　　못 배웠기 때문이다
　　　　　　못 먹고 살아도
　　　　　　못 배우곤 못 산다
　　　　　　아부지 서울 와서
　　　　　　청계천에서 날품 팔며 지내다
　　　　　　배우고 말겠다는 생각에
　　　　　　책방에 취직했다

　　　　　　책은 보고만 있어도 얼마나 뿌듯한지
　　　　　　밥을 안 먹어도 배가 부르던 시절이었지
　　　　　　배가 부르던 시절
　　　　　　내 머리를 콩콩 쥐어박던 서점 주인이
　　　　　　항상 말했지
　　　　　　책 속에 길이 있다
　　　　　　책 속에 돈이 있다

고향 생각에
눈물 뚝뚝 흘리며
한강에서 빵을 씹고 있을 때
햇빛이 나를 쫘악 비추자
새들이 나한테 와서 말했지

빵

서점 사장이 돼라

직원들

서점 사장

빵

서점 사장이 돼라

직원들

서점 사장

빵

그래, 서점 사장
그래, 서점 사장
서점 사장이 되자
못 배운 한을 풀자

빵, 직원들

책 속에 길이 있네
책 속에 길이 있네
책 속에 돈이 있네

책 속에 돈이 있네

책 속에 길이 있네

책 속에

책 속에 길이 있네

책 속에 길이 있네

책 속에 돈이 있네

책 속에 돈이 있네

책 속에 길이 있네

책 속에

빵, 노래를 끝내고 관객을 향해 감사 인사를 한다.

출판사직원을 발견한 남직원, 사장에게 피하라는 신호를 보낸다.

남직원　　　　빵!

사장은 잽싸게 무대 뒤로 달아난다.

곧이어 출판사직원이 무대에 등장해서 사장을 찾다가 허탕을

치고 퇴장한다.

이 사이, 사장의 마이크를 넘겨받은 신입직원은 작가를 무대에

소개한다.

신입직원　　　지금부터 작가님의 한말씀 있겠습니다.

신입직원의 마이크를 넘겨받은 작가는 무대 한가운데로 나온다.

12. 책 속에 길이 있네—리프라이즈

작가

책 속에 끼워서 주던 용돈 때문에

책을 가까이했지

직원들

우, 우, 우

작가

돌아보니 어느새

이렇게

작가, 직원들

아~

작가

책 속에 길이 있네

직원들

길이 있네

작가, 직원들

아~

작가

책 속에 돈이 있네

직원들

돈이 있네

작가

아~

책 속에 길이 있네

직원들

길이 있네

작가

아~

책 속에 돈이 있네

노래가 끝나면 작가와 직원들 퇴장.

무대 전환. 사인회장은 사라지고, 서점 매장 안이 드러난다.

김지숙, 카운터를 지키고 있다. 출판사직원, 서점 안으로
들어선다.

김지숙　　　오셨어요?

출판사직원　　오늘 엄 사장 봤어요?

김지숙　　　못 봤는데요.

출판사직원　　오 개월짜리 어음 두 장 끊어주는 거야. 이거
　　　　　　말이 돼? 내가 김지숙씨하고 엄 사장 안 지가

	십오 년이야. 오늘 결제 날인 거 자기도 알지?
김지숙	요새 경기 안 좋은 거 아시잖아요.
출판사직원	내가 다 들은 소리가 있어서 그래. 김지숙씨도 제일서점하고 인연을 정리하는 게 좋을 것 같아. 제일서점 돈이 사채시장에 돌고 있다는 소문이 있어.
김지숙	그 얘긴 못 들은 걸로 할게요. 거래 끊는 거, 다시 한번 생각해주세요.
출판사직원	오 개월짜리 어음! 웃기지 말라 그래. 현금 아니면, 출협이나 유통 쪽은 책 싹 다 걷어가는 거 알지? 엄 사장 발품 팔아가면서 출판사 문 두드릴 때가 엊그제 같은데. 허참.
김지숙	(돌아서는 직원을 향해) 서상원씨! 서상원씨!
출판사직원	김지숙씨! 여기서 헌신한다고 알아줄 빵이 아니야. 일찌감치 딴 직장 알아보라고. 하긴 벌써 십오 년이니 어디 가기도 좀 그렇겠다.
김지숙	……

출판사직원 **퇴장.**

나영 **등장.**

나영	언니! 언니 차례야.
김지숙	뭐가?

나영	왜 이래? 지금 작가 사인회하고 있잖아. 비가 와서 그런지 생각보다 사람이 적어. 빵이 난리를 치면서 우리더러 돌아가면서 사인 받으라는 거야.
김지숙	……

나영은 사인회에 사용할 작가의 책을 챙기다 멈추고,

나영	언니 무슨 일 있었어?
김지숙	넌 무슨 좋은 일 있니? 요새 웃고 다닌다. 연애하니?
나영	(애써 부정하며) 아니. 나, 언니한테 할말 있다. (인기척을 느끼고 다급하게) 빵!

빵이 매장 안으로 들어선다.
김지숙과 나영, 나란히 서서 허리 숙여 인사한다.
나영, 일하는 척하며 빵과 김지숙의 대화를 엿듣는다.

빵	(김지숙에게) 서 과장 다녀갔나?
김지숙	주문 안 받겠대요.
빵	출판유통 안 있나.
김지숙	저번 달에도 어음 끊어주셨다면서요. 이번 달까지 그러시는 건 좀……

빵	돈이 있어야 주지, 내가 은행이가.
김지숙	매출이 떨어진 게 사실이지만 어음 때문에 거래를 끊을 정도는 아닌 것 같은데요. 매출이 아주 나빴을 때도 이렇게까지는 안 했잖아요.
빵	김지숙이, 그만해라.
김지숙	제가 생각하기론……
빵	(김지숙의 말을 끊고) 네가 사장할래? (나영을 향해) 니는 지금 옷이 그기 뭐꼬?
나영	사인회용 책이 떨어져서…… 사장님이 사복 입고 사인 받으라고 하셔서……
빵	(말을 끊으며) 시끄럽다. 퍼뜩 옷 갈아입고 니 자리 가라. 정신들 안 차리재? 내가 이참에 싹 다 물갈이할끼다. (나영은 사인회용 책을 들고 자리를 피한다)
김지숙	(주변을 살핀 뒤) 회사 자본금을 사채시장에 풀고 있다는 소문이 돌아요. 서점 확장하신 지 얼마나 됐다고 이러세요.
빵	니, 입 안 다무나.

나영 몰래 등장. 책장 뒤에 숨어서 빵과 김지숙의 대화를 엿듣는다.

빵	몇 년 됐지?

김지숙	네?
빵	고등학교 겨우 마치고 여 온 지 얼마나 됐냐고?
김지숙	십오 년입니다.
빵	옷 벗어라.
김지숙	네?
빵	벗어라.
김지숙	이 서점에서 보낸 세월이 십오 년이에요.
빵	그만하면 너도 할 만큼 했다.
김지숙	고등학교 겨우 마치고 온 저한테 책을 사랑하라고 가르쳐주신 건 사장님이십니다.
빵	안 그래도 여기 사 번 코너 물갈이할라캤다. 고생 많았다.
김지숙	잘라놓고 후회하셔도 그땐 안 돌아와요.
빵	니, 지금 날 협박하는 기가. 당장 옷 벗어라. 당장 그 옷 벗어놓고 나가라. 서점에서 일 할라카는 젊은 가시나들 밖에 줄 쫙 섰다.
김지숙	후회하실 거예요.
빵	후회?

나영이 책을 떨어뜨린다. 그 소리에 빵이 나영을 발견한다.

| 빵 | 야! 거기 니, 니가 오늘부터 여기 맡아라! |

나영	저, 법서는 잘 몰라요. 그리구요, 사장님……
빵	뭐?
나영	이건 부당해고예요.
빵	니는 또 뭐꼬? 둘 다 옷 벗어라, 알았나?
나영	그렇게 못 하겠는데요.
빵	이기 어디서 대드노? 니 미쳤나?
나영	반말 좀 하지 마세요.
김지숙	나영아, 그러지 마.
나영	언니, 왜 그래? 정말 이대로 관둘 거야?
김지숙	나영아, 제발!

빵은 휴대폰을 꺼내 든다.

빵 아들! 이리 다 모이라 캐라. 니도 오고. (나영을 가리키며) 니, 뭐 부당해고? 근로자의 근무 태도 불량으로 인한 권고사직이다. 알았나?

제일서점 직원들과 빵아들 등장.

빵 (직원들을 향해) 김지숙이가 오늘 여를 관두겠다고 했다.

직원들 눈이 휘둥그레진다.

김지숙 고개 숙인다.

빵　　　　　(남직원에게) 네가 오늘부터 여를 맡아라.
　　　　　　　알겠나?

남직원　　　(기쁨을 감추느라 애쓰며) 네!

빵　　　　　아들! 일단 정리될 때까지 여기 붙어 있고.
　　　　　　　근무 태도가 불량한 서나영씨는 내일부터 파주
　　　　　　　창고 정리하러 가시고요.

나영　　　　……

빵, 퇴장.
직원들 시선이 일제히 김지숙과 나영에게 쏠린다.

남직원　　　김지숙씨! 갑자기 왜 관둬요? 나영씨, 왜 무슨
　　　　　　　일인데, 이거야? (목에다 손을 가로지르며
　　　　　　　'짤렸냐'는 뜻을 묻는다)

나영　　　　……

직원들, 술렁인다.

빵아들　　　모두 제자리로 가요. 오늘 아빠 심기가 좋지
　　　　　　　않은 것 같으니까 조심들하고. 나영씨,
　　　　　　　내일 나영씨 휴무니까 내가 아빠한테 잘

	말해볼게요. 김지숙씨도 얘기 좀 합시다.
김지숙	할 얘기 없어요. 퇴직금이나 잘 챙겨주세요.
	(나영에게) 미안하다.

김지숙, 서점을 떠난다. 빵아들이 김지숙을 따라 나간다.

나영	언니!
빵아들	누나! 누나!

나영, 김지숙이 떠난 쪽을 허망하게 바라보고 서 있다.

남직원	(나영이 들으라는 듯, 신입직원에게)
	소용없어. 빵이 자르겠다고 생각한 게 뭐
	어제오늘 일이겠어? 여직원 중에 연봉도 제일
	높겠다. 초창기 멤버니까 알 거 모를 거 다
	아시는 몸이라 빵이 불편했던 거 아니겠어?
신입직원	(나영에게) 왜 그랬어요? 좀 참지.
나영	참는 게 지겹지도 않니?

암전.

7-2장

김지숙, 헝클어진 모습으로 한 손에는 소주잔을 들고 꼿꼿이 서 있다.
그 앞에 놓인 삼겹살 불판 위로 연기가 피어올라 무대를 채운다.

13. 자, 건배!—리프라이즈

김지숙

> 한 잔 두 잔 마시다보면
> 어느새 서점 생각에
> 눈물이 글썽 글썽
> 나도 늙었나, 눈물이 웬 말인가!
> 사장 욕할 땐 술만한 친구가 없고
> 소주 안주엔 삼겹살만한 안주가 없지
> 삼겹살은 제주 똥돼지가 최고
> 자 마시고 죽자!

간주 동안,
고깃집 문이 벌컥 열리고 나영과 직원들이 휘청거리며 들어온다.

소란스러운 술자리의 기운이 치솟는다.

나영

> 힘들다고 꾀피운 적 없다
> 알았냐 빵 같은 놈아!

신입직원

> 쫄딱 망해라

나영

> 길 가다 넘어져라

나영, 신입직원

> 빵하고 터―져―라, 빵!

남직원

> 사장 욕할 땐 술만한 친구가 없고

나영, 신입직원

> 쫄딱 망해라

남직원

> 소주 안주엔 삼겹살만한 안주가 없지

나영, 신입직원

> 길 가다 넘어져라

남직원

> 삼겹살은 제주 똥돼지가 최고
> 자, 마시고 죽자!

직원 모두

사장 욕할 땐 술만한 친구가 없고
소주 안주엔 삼겹살만한 안주가 없지
삼겹살은 제주 똥돼지가 최고
자, 마시고 죽자!

다같이 소주잔을 높이 들어 잔을 부딪친다.

암전.

8장

6장 7장과 같은 날 늦은 밤.

골목길. 무대 어둡다.

주인할매 목소리 둘이가 많이 아파야. 후딱 와서 병원에 싣고
가야 쓰것다. 뭐시여? 인천서 여기가 얼매나
된다고…… 늙은 애미가 사정하는디 뭐시여,
일일구? 이 호로자식 같은 놈. 다시는 이 애미
찾을 생각하지 말어.

방문 두드리는 소리.

주인할매 목소리 희정엄마! 희정엄마!

희정엄마 목소리 (자다가 일어난 목소리로) 할머니 무슨 일
있어요?

주인할매 목소리 거시기, ……둘이가, 둘이가 안 좋아.

희정엄마 목소리 내 등이 한밭처럼 넓은데 무슨 걱정이야.

골목길, 밝아진다.

동네 전봇대에 못 보던 현수막이 붙어 있다.

조씨가 전봇대 뒤에서 오줌을 누는 동안, 주인집사내는 현수막을 뚫어지게 보고 있다.

주인집사내 "베트남 처녀와 결혼하세요? 초혼, 재혼, 장애인 환영." 세상이 미쳤구만.

조씨 형님, 술집에서 술 따르는 애들 다 나오라고 그래요. 암만 그래도 돈 주고 산 베트남 여자보다야 한국 여자가 낫지.

주인집사내 물건은 죄다 중국에서 들여오고 여자는 또 베트남에서 사 온다……

조씨 싸다고 다 밖에서 들여오면 나 같은 놈은 뭐가 됩니까?

주인집사내 니가 뭐가 어때서?

조씨 내가 직장이 있냐 집이 있냐 그렇다고 돈이 있냐 여자가 있냐…… (갑자기 울먹인다)

주인집사내 정신 바짝 차려 임마! 굴러온 돌이 박힌 돌 빼내는 세상이야.
따라와. 한잔 더 해.

주인집사내와 조씨 퇴장.

나영, 술에 취해 비틀거리며 골목길 끝에 모습을 드러낸다.
잠시 뒤, 솔롱고도 골목길 끝에서 등장. 나영을 발견한 솔롱고는 멀찌감치 떨어져서 지켜본다.

14. 한 걸음 두 걸음

나영

한 걸음 두 걸음
집으로 가는 길은 멀기도 멀다
마을버스 끊긴 길
술 먹고 걸어가는 다음날은
언제나 지각

세 걸음 네 걸음
집으로 가는 길은 멀기도 멀다
혼자 가는 이 길 끝에
도착하면 내 방 하나
그 방에, 누구 하나
기다렸으면

오늘 같은 날엔
꼭 잠긴 내 방 앞에

우리 엄마 물김치 실어서 보낸 우체국 택배

기다리고 있으면 좋겠다

스물아홉 스물일곱
내 나이만큼 헷갈려
사는 게 왜 이렇게 힘드니
사는 게 왜 이렇게 힘드니
사는 게 왜 이렇게 힘드니
왜 이렇게 힘드니 아~아아~

한 걸음 두 걸음 걷자 내 방까지
걷자 날 기다리는 내 방까지

솔롱고   나영!

나영   (얼굴을 알아보고 다가간다) 안녕, 솔롱고!
오늘은 아침에도 보고 밤에도 보네요.

솔롱고   두 번 봅니다.

나영   솔롱고도 많이 늦었네. 난 술 마셨는데,
솔롱고는 뭐 했나?

솔롱고   공장 갔다 왔어요.

나영   아……

나영, 다시 걷기 시작한다. 솔롱고, 한 걸음 뒤에서 따라 걷는다.

솔롱고	요샌 나영 빨래 잘 안 보여요.
나영	(걸음을 멈추고) 빨래? (웃으며 솔롱고에게 다가간다) 빨래는 빨래할 시간이 나야지 빨랠 하죠. (얼굴이 붉어진다) 그래야, 솔롱고 얼굴도 볼 텐데……

자신이 내뱉은 말에 화들짝 놀란 나영, 뒤돌아서서 다시 걷는다.

솔롱고	옷 얇아요. 춥겠다.

나영, 다시 멈춘다.

나영	나 오늘 종일 몸에서 불이 났어요. 그래서 안 추워요. 지금도 불이 나서 꺼지질 않아요. (볼에 눈물이 타고 흐른다)
솔롱고	눈물로 불 끄는 중이구나.

주인집사내와 조씨가 다시 등장.
두 사람 나영과 솔롱고를 발견한다.

주인집사내	몽고!
솔롱고	안녕하세요.
조씨	몽고?

주인집사내	왜 내가 말했잖아. 우리집 옥탑에 네팔,
	방글라데, 몽고 애들 와서 산다고.
조씨	조선족만 그런 줄 알았는데 몽고도 우리랑
	똑같이 생겼네. 아가씨도 몽곤가?
솔롱고	아니요, 옆집 사람입니다.
나영	솔롱고, 가요.
주인집사내	(길을 슬쩍 막아서며) 아가씨! 젊은 아가씨가
	술 많이 먹었네. 몽고랑 같이 먹었나?
솔롱고	아니요.
주인집사내	이봐, 아가씨. 지금 시골에서는 말이야
	총각들이 여자가 없어서 베트남에서 돈
	주고 사 온 지가 꽤 됐어! 이게 말이 돼? 이런
	상황에서 아가씨가 저런 몽곤가, 몽골인가
	이런 애들하고 놀아서 되겠어? 안 되겠어?
조씨	안 되는 거지.
나영	아저씨! 내가 누구랑 놀든 아저씨가 무슨
	상관인데요?
주인집사내	이 아가씨 맹랑하네.
나영	그리고, 여자가 물건이에요? 돈을 주고 사고
	말게.
주인집사내	뭔가 오해가 있나본데.
나영	빵 같은 자식! (갑자기 웃는다)

솔롱고는 웃는 나영을 말린다.

조씨도 따라 웃다가 주인집사내 눈치를 본다.

주인집사내   이 새끼들이 똑같은 것들이네, 이것들이. 야, 방 빼!

솔롱고   안 돼요!

주인집사내   안 되긴 뭐가 안 돼, 이 새끼야! 내가 이래서 이런 것들은 세 안 놓는다고 했는데……

나영   (가방과 우산을 던지며) 뭐야, 진짜 빵이잖아.

주인집사내   뭐야?

나영   주인이 방 빼란다고 방 빼는 게 말이 돼요? 사장이 관두란다고 관둬야 되고, 주인이 방 빼란다고 방 빼면 법은 뭐 놓고 있는 줄 알아요?

조씨   아가씨가 말이 심하네. 우리 같은 사람도 직장 못 구해서…… 놀구들 있는 판에…… 이런 것들을 위해서, 빌어먹을 법은 무슨 법이야! 그리고 너, 불법체류지?

잠시 정적이 흐른다.

조씨   이거 찔러버려. 경찰 불러.

솔롱고   아저씨, 봐주세요.

조씨	봐주긴 뭘 봐줘? (솔롱고의 머리를 치며) 불법체류들은 죄다 지들 나라로 보내야 돼.
나영	(조씨를 밀치며) 어떻게 인간이 불법일 수가 있어요? 때리지 마세요!
조씨	(나영을 밀치며) 왜이래.

나영, 길바닥에 쓰러진다.
솔롱고가 달려와 조씨를 밀쳐낸다.
갑작스레 몸싸움이 벌어진 순간, 솔롱고는 주저한다.

| 주인집사내 | (솔롱고에게) 때려, 때려봐 이 자식아! |

솔롱고, 주먹에 힘이 들어가지만 끝내 손을 올리지 못한다.
주인집사내, 비웃듯 솔롱고를 밀치며 마구 때리기 시작한다.
넘어진 나영, 안간힘을 다해 솔롱고를 구해내려 하지만 오히려
주인집사내의 발길에 걷어차인다.
솔롱고, 나영을 감싸안은 채 맞는 것을 선택한다.
주인집사내의 발길질과 거친 숨소리, 욕설이 한동안 이어진다.
조씨, 거칠어진 주인집사내의 행동에 겁먹고 주인집사내를
말린다.
주인집사내, 마지못해 발길질을 멈춘다.

| 주인집사내 | 방 빼! 이 자식아! |

조씨와 주인집사내 퇴장.

솔롱고의 신음소리가 새어나온다.

나영   솔롱고! 괜찮아요?

솔롱고   ……

나영   왜 맞고만 있어요?

솔롱고   …… 경찰서 가면 안 돼요.

15. 아프고 눈물나는 사람

솔롱고

　　　　참아요 외로워도 나를 기다리는 가족 때문에

　　　　참다보면 가끔 잊어요 우리도 사람이란 사실을

　　　　반말하고 욕하는 사람들 앞에

　　　　주먹 쥐고 일어서고 싶지만

　　　　고향 형제 때문에

　　　　한국 오느라 진 빚 때문에

　　　　참아요 참다보면 사람들은 잊어요

　　　　우리도 사람이란 사실을

　　　　우리도 때리면 아프고 슬프면 눈물나는

　　　　사람인데

나영

참았어요 외로워도 달리 기댈 곳이 없기에
잊었어요 참다보면 나도 사람이란 사실을
반말하고 쉽게 욕하고 찝쩍대고 쉽게 해고하는
사람들 앞에
큰소리치고 욕하고 싶었지만
이번 달 방값 때문에
어딜 가도 마찬가지란 생각 때문에
참았어요 참다보면 잊어요
나도 꿈을 가진 여자란 걸
잊는 게 잊는 게 두려워요 꿈을 잊고 사는 게

나영, 솔롱고

우리도 때리면 아프고 슬프면 눈물나는
사람인데
사람들은 모른 척 살죠 모른 척 눈감고 살죠
모른 척 눈감고 귀 막아도 우린 숨쉬고 살죠
같은 하늘 아래 아프고 눈물 흘리며
살아가요

솔롱고, 길바닥에 널브러진 가방과 우산을 주워서 나영에게
건넨다.
나영의 뒤를 조금 떨어져 따라 걷는 솔롱고.

두 사람의 그림자가 골목 끝까지 길게 드리운다.

암전.

9장

다음날.

햇볕 좋은 낮. 주인할매가 이불 빨래를 하면서 흥얼거린다.

희정엄마 등장.

주인할매 나갔다 오는 거여?

희정엄마 좀 괜찮아요?

주인할매 어저께는 죽을 것처럼 열이 오르드만 병원

갔다 와서는 종일 자네.

자네는 좀 어뗘?

희정엄마 저도 어제 업고 뛸 때는 몰랐는데, 어휴,

어깨가……

주인할매 고생했네.

희정엄마 아유 뭘요.

희정엄마는 바지를 걷고 큰 대야 안으로 들어간다.

주인할매는 대야 밖으로 밀쳐진다.

주인할매 음마, 이 사람이 왜 이런다냐? 안 그래도 뒤야.

날도 찬디.

희정엄마	빨래는 이렇게 꾹꾹 밟아야 때가 지죠. 할머니, 때마다 빨래 걷어주시고 고마워요. 방값 내라고 소리만 안 지르면 우리 할머니 이쁘다니까.
주인할매	(버럭) 방값은 내야제, 희정엄마. 이번 달에 똥 펐응게 한 사람에 오천 원씩 만 원이여잉.
희정엄마	알았어요. 그런데 구씨 똥값까지 내라는 건 좀 너무했다.
주인할매	(버럭) 싫으면 방 빼!
희정엄마	아유, 정말!

두 사람, 눈길이 마주치자 같이 웃는다.
주인할매, 다가가 희정엄마의 손을 꼭 붙잡고 고개를 숙인다.

주인할매	어제는 참말로 고마웠네. 진짜 고맙네, 이 사람아.
희정엄마	정 그렇게 고마우면 방값이나 좀 빼줘요.

주인할매, 잡은 손을 슬그머니 떼려 하지만
희정엄마, 오히려 그 손을 꼭 붙들고 놓아주지 않는다.

주인할매	(못 이기는 척 웃으며) 좋다. 구씨 똥값은 빼, 그라믄.
희정엄마	고마워요.

희정엄마, 이불 빨래를 밟기 시작한다.

주인할매는 나란히 놓인 대야 앞에 쭈그리고 앉아 기저귀를 빨기 시작한다.

희정엄마 겨울인데 이불 빨기 힘들죠?

주인할매 그래도 어쩔 것이여? 저년 뒈지기 전까진 내가 힘 써야제.

희정엄마 ……

주인할매 말 안 혀도 알고 있었제? 저 방에 내 딸년 누버 있는 거. 요로코롬 사는 사람들, 골목에 내논 빨래나 옥상에 널어논 빨래만 봐도 저 집 속사정 속속들이 다 알제.

내가 헐 말은 아니지만, 희정엄마! 이때껏 희정엄마 방에 들락날락한 사내 중에 구씨가 제일인 거 알지? 사내가 고로코롬 좋다고 할 때 못 이기는 척 받아줘.

희정엄마 그렇긴 한데요. 이 나이에 또 결혼해서 시집살이에다 남의 자식까지 키우는 게 맞는 건지 모르겠어요. 이때껏 혼자서 잘 살았는데……

주인할매 구씨하고 만나기만 하면 쌈박질해서 글제, 속궁합은 그만이제?

희정엄마 부끄럽게 왜 이러세요. (둘은 얼굴을 붉히며

웃는다)

주인할매   어쩌겠어? 듣기 싫고 뵈기 싫어도 옆집
베갯머리 공사가 다 뵈고 들리는디. 근디 요즘
구씨가 좀 뜸허네.

희정엄마   그만 살재요. 지난주에 선 봤대요. 자기 말로는
애들 할머니 성화에 못 이겨서 그랬다지만,
맘에도 없는 선을 왜 봐요.

주인할매   (다가가서) 말만 그렇지 구씨 맴이야 어디
그렇겠어. 구씨네 집에 들어가서 사는 게
거시기하믄, 구씨를 잘 구슬려서 그냥 이렇게
살어. 젊은 과부, 거시기 하나 있는 것이 어디
숭이여?

희정엄마   …… 발 시려. (대야에서 발을 뺀다)
할머니, 나이도 있는데, 찬물로 이러지 말고
뜨거운 물로 빨아요. 발이 그냥 다 빨갛네.
할머니, 이러면 풍 걸려.

희정엄마, 돌아서서 방안으로 들어간다.

주인할매   잘 생각혀. 인연이 쉽게 오는 게 아니여.

주인할매, 희정엄마가 밟다 만 이불 빨래 대야에 한 발을
담그다가 도로 발을 뺀다.

물이 너무 찬 나머지 입에서 욕이 튀어나온다.

주인할매　　영감이 똥 싼 이불 빨 때만 혀도 물이 차갑고
　　　　　　　힘들다는 생각은 못 했었는디, 나도 인제 다
　　　　　　　늙었는갑네.

희정엄마가 뜨거운 물을 한 바가지 들고 나온다.
대야에 뜨거운 물을 붓는다.
김이 모락모락 피어오른다.

희정엄마　　돈 번 걸로 다 뭐해요. 죽을 때 갖고 가시게?
　　　　　　　그러지 말고 세탁기 하나 사요.
주인할매　　돈 읍써.

둘이, 신음소리.
놀란 주인할매는 둘이 방으로 뛰어들어간다.
잠시 뒤, 방문을 열고 나오는 주인할매, 다리가 휘청거린다.

희정엄마　　……
주인할매　　잠꼬대. (눈시울이 붉다) 나보다 둘이가 먼저
　　　　　　　디져야 할 텐디. 사람 숨이 은제 어뜨케 될지
　　　　　　　모르는 건디, 희정엄마 내가 말이여. 혹시라도
　　　　　　　말이여……

희정엄마	할머니, 할머니!
주인할매	음마 내가 뭔 말을 한다냐. 내 자식도 있는디……
희정엄마	인천에 산다는 아들 말이에요?
주인할매	있으나, 마나여. 그놈 여기 오는 거 한 번도 본 적 없을 거 아녀.
희정엄마	……
주인할매	그놈은 죽은 영감 아들이여. 그 영감, 풍 맞아 쓰러지기 전까지 바람을 허벌나게 피웠지. 저 방에 누워 있는 년은…… 다른 영감 딸이여. (머쓱한 웃음) 나도 홧김에 서방질이라고 잠깐 딴 사내를 만났어. 아들놈이 그걸 알고 날 지 애미 취급을 안 하네. 둘 다 내 배 아파 낳은 내 자식 새낀데, 그놈이 둘이를 동생 취급을 안 하네. 저년 뒈지기 전까진 내가 목숨줄 붙들고 있어야 할 텐디……
희정엄마	(주인할매 손을 꼭 붙들고) 할머니도 참. 오래오래 살면 되지.
주인할매	내가 희정엄마한테 별소릴 다 혔네. 다 잊어. 알았제? 해 떨어지겠다. 물 받아서 마저 헹구자.

나영 등장.

고개를 숙인 채 방문 앞으로 간다.

주인할매	오늘 쉬는 날이여?
나영	예.
주인할매	밥은 먹고 댕기는 거여?
나영	(힘없는 목소리로) 예……
희정엄마	나영이, 어디 아퍼?
나영	아니에요.

나영은 열쇠를 돌려보지만 열쇠가 구멍에서 헛돈다.
나영이 주저앉는다.

희정엄마	아이구, 나영이! 무슨 일 있어?

주인할매는 방으로 물을 가지러 간다.

희정엄마	무슨 일인데 이렇게 서럽게 우는 거야?
주인할매	(물잔을 들고 나와 나영에게 내밀지만 나영은 받지 못한다)
희정엄마	무슨 일인데 말을 안 해. 혹시…… 애 뗐어?
주인할매	(희정엄마를 쥐어박으며) 으미, 물을 걸 물어. 말하고 싶음 하겠지, 그냥 내비둬. 아가씨, 괜찮겄어? 힘들믄 우리 방 아랫목에 누워서 등

지지고 자든가. 지금 아가씨 방 보일라 켜면
한참 있어야 되잖어.

주인할매는 나영의 짐을 챙기고 희정엄마는 나영을 일으킨다.
나영, 희정엄마 팔에 붙들려 주인할매 방 쪽으로 걸음을
떼어보지만 바닥에 주저앉고 만다.

희정엄마, 주인할매 …… (주저앉은 나영 곁에 앉는다)
나영   고맙습니다.

나영, 슬픔을 삭히며 흐느껴 운다.

주인할매   울고 싶으면 울어야제. 여자 혼자 살기 힘든
                  세상이여. 울고 싶을 땐 울기라도 해야제.

나영, 목놓아 운다.

나영   어제 사장이 멀쩡히 일하던 선배 언니를
                  잘라서 한마디했더니…… 서점에서 책 팔던
                  절더러 파주에 있는 창고에 가서 책 먼지나
                  털래요. 오늘 회사에 가서 싫다고 했더니,
                  관두래요.

16. 슬플 땐 빨래를 해

희정엄마 그딴 것들이 다 있대. 울지 마, 나영아!
아줌마는 고등학교 막 졸업하고 공장 생활
시작했다. 삼교대도 아니고 이교대로 돌리는
공장에서 매일 밤 코피 쏟으며 일했어.
하여간 윗대가리 맘대로 휘두르는 건 예나
지금이나 마찬가지야. 그만 울고 힘을 내야
다시 따지러 가지. 응?

**빨래가 바람에 제 몸을 맡기는 것처럼
인생도 바람에 맡기는 거야
시간이 흘러 흘러 빨래가 마르는 것처럼
슬픈 니 눈물도 마를 거야
자 힘을 내!**

주인할매 난 말이여. 울고 싶을 땐 빨래를 혀.
풍 맞아 누운 영감 똥 싼 이불 빨았을 때도
마흔이 다 된 딸년 똥기저귀 빨 때도 한숨이 푹
하고 나오지만 빨래를 하다보면 힘이 생기제
똥바가지를 갖다 쏟아부어도 시원찮을 것들!
하지만 말여 많이 울지는 말어!

빨래가 바람에 제 몸을 맡기는 것처럼

인생도 바람에 맡기는 거야

시간이 흘러 흘러 빨래가 마르는 것처럼

슬픈 니 눈물도 마를 거야

자 힘을 내

나영   억울하구요. 화가 막 나구요. 어떻게 해야 될지
모르겠어요. 이럴 땐 어떻게 하죠?

희정엄마, 주인할매

슬픔도 억울함도 같이 녹여서 빠는 거야

손으로 문지르고 발로 밟다보면 힘이 생기지

깨끗해지고 잘 말라서 기분 좋은 나를 걸치고

하고 싶은 말 다시 한번 하는 거야

나영

월급은 쥐꼬리

자판기 커피만 뽑았죠

야간대학 다니다 그만둔 지 오래

정신없이 흘러간 이십대

뭘 하고 살았는지 뭘 위해 살았는지 난

모르겠어요

주인할매, 희정엄마

뭘 해야 할지 모를 만큼 슬플 땐 난 빨래를 해

주인할매

둘이 기저귀 빨 때

희정엄마

구씨 양말 빨 때

주인할매, 희정엄마

내 인생이 요것밖에 안 되나 싶지만

사랑이 남아 있는 나를 돌아보지

살아갈 힘이 남아 있는 우릴 돌아보지

주인할매, 희정엄마, 나영

빨래가 바람에 제 몸을 맡기는 것처럼

인생도 바람에 맡기는 거야

깨끗해지고 잘 말라서 기분 좋은 나를 걸치고

하고 싶은 일 하는 거야

희정엄마   난 돈도 많이 벌고 사랑도 많이 할 거야

주인할매   난 건강하게 오래 살 거여.

나영   난 지치지 않을 거야.

주인할매

자 힘을 내

희정엄마

자 힘을 내

나영

　　　　자 힘을 내

모두

　　　　자 힘을 내

　　　　어서!

빨래를 마친 셋. 주인할매가 작은 대야를 들고 옮기려고 한다.

나영　　　　할머니 제가 도와드릴게요

주인할매　　손 시려, 안 돼.

희정엄마　　(고무장갑을 내밀며 아직 남아 있는 빨래

　　　　　　　대야를 가리킨다) 나영아, 이거 끼고 이거 해.

주인할매 대야를 들고 퇴장.

희정엄마　　나영인 밤에 뭐 해? 애인이 집으로 찾아오는

　　　　　　　것 같지는 않고. 밤에 불 켜놓고 뭐 하는 것

　　　　　　　같던데.

나영　　　　……그냥 책 읽어요.

희정엄마　　(웃으며) 그럼, 결혼은 언제 하나?

나영　　　　아직 생각 없어요.

희정엄마　　뭘 빼고 그래. 내가 다 봤는데.

나영　　　　아니에요. 그런 거. 그냥 옆집 사는

사람이에요.

희정엄마 어머, 세상에! 옆집 사는 총각이랑…… 여기
이사 와서 눈 맞은 거야? 너무 낭만적이다.
혹시 알던 사이야?

나영 ……

솔롱고와 마이클, 박카스 한 상자를 들고 등장. 마이클 한 손에는
흰 붕대가 감겨 있다.

마이클, 솔롱고 안녕하세요?

솔롱고 저는 옆집 옥탑 사는 솔롱고입니다. 여기
할머니한테 인사하러 왔어요.

주인할매 다시 등장.

주인할매 뭔 일이여, 총각!

솔롱고 할머니, 고맙습니다.
(마이클이 주인할매에게 박카스 상자를
내민다)

주인할매 (상자를 받아들며) 고맙긴. 총각 주인집
양반이 잘못한 거제. 나야 그냥 말 한마디 해
준 것뿐이고. 일이 잘돼서 다행이네.

희정엄마 무슨 일 있었던 거야?

주인할매	아침 나잘에 박스떼기를 주우러 나갔는디, 글씨 골목서 저 총각 주인집 양반이 저 총각한테 방을 빼라고 난리잖여. 기한도 안 지났다는디.
마이클	고맙습니다, 할머니. 갑자기 방 빼라고 해서 솔롱고는 일하러 못 나갔는데 할머니가 주인아저씨한테 "썩을 놈" 이렇게 막 욕해주시고 고맙습니다. 주인아줌마가 미안하다고 솔롱고 약 줬어요.
주인할매	아이고 그놈 말 잘하네.
마이클	고맙습니다.
주인할매	안주인이라도 사람 노릇한께 다행이네. 근디 총각들은 손까지 다쳐가지고 어디서 일한댜?
솔롱고	공장은 못 나가구요, 동대문에서 짐 날라요.
주인할매	그려도 다행이구만.
희정엄마	동대문이요? 내가 동대문에서 일해요.
솔롱고, 마이클	네, 안녕히 계세요.
주인할매	잘 가, 총각들.

인사를 하고 돌아서는 솔롱고를 나영이 쪽으로 밀치는 마이클.
나영을 솔롱고 쪽으로 슬쩍 밀고 빠지는 희정엄마.
희정엄마는 주인할매에게 귓속말을 급히 전한다.

마이클, 짐짓 딴청을 피운다.

어색한 채로 마주선 나영과 솔롱고.

나영   다행이에요, 정말.

솔롱고   아파 보여요, 괜찮아요?

희정엄마, 일부러 주인할매를 슬쩍 밀친다.

주인할매, 중심을 잃고 넘어지는 척한다.

주인할매   (어색하게) 아이고 허리야!

솔롱고와 나영 깜짝 놀라 주인할매 쪽으로 달려온다.

솔롱고   이거 어디에다 널어요? 제가 널게요.

희정엄마   (신나서) 제대로 말리려면 옥상에다

                널어야겠는데……

솔롱고   이렇게 무거운데 제가 옥상까지 들고 갈게요.

마이클   저두요.

희정엄마   아유 그럼 같이 해.

얼떨결에 솔롱고, 마이클, 나영, 희정엄마, 주인할매 모두 빨래

대야를 붙든다

다 같이 이불빨래 대야를 들어올리기 시작한다.

희정엄마　　　　자, 하나, 둘, 으쌰, 으쌰.

주인할매와 희정엄마가 대야를 붙드는 마이클을 잡아당겨서
빠져나온다.
나영과 솔롱고는 둘만 남아 대야를 붙들고 서 있다. 당황한 둘.
주인할매, 희정엄마, 마이클 셋은 고개를 돌리고 둘을 못 본
척한다.

나영　　　　　(앞장서며) 이쪽이에요.

솔롱고와 나영, 둘이서 빨래 대야를 들고 옥상 쪽으로 사라진다.

희정엄마　　　　둘이 보기 좋네.
주인할매　　　　뵈기 좋네잉.
마이클　　　　　뵈기 좋네이잉.

셋, 웃는다.

희정엄마　　　　총각, 총각은 어디서 왔어?
마이클　　　　　나는 필리핀에서 왔어요.
희정엄마　　　　어쩜, 우리 총각 손을 다쳤구나!
주인할매　　　　추운데 이러지 말고 방안에 들어가서

이야기하자.

희정엄마 우리 추운데 들어가서 고향 이야기 좀더 할까?

마이클 네, 누나!

주인할매를 따라 마이클, 방으로 들어간다.

희정엄마, 한껏 웃으며 뒤따라 들어간다.

이어서 무대 옥상에는 나영과 솔롱고가 함께 이불 대야를 들고 나타난다.

나영과 솔롱고, 함께 이불 빨래를 털어서 빨랫줄에 넌다.

둘은 나란히 서서 잠시 말이 없다.

솔롱고가 가만히 나영의 손을 잡는다.

나영 걱정했어요. 별일 없어서 다행이에요.

솔롱고 우는 얼굴 내가 슬퍼요.

나영 나보다 솔롱고가 더 힘들 텐데, 나 때문에……

솔롱고 우는 얼굴 내가 슬퍼요. 웃는 얼굴 예뻐요.
      힘내요.

나영 우리 힘내요.
      (더 가까이 다가서며) 우리, 서로 친하게
      지내요.

17. 참 예뻐요—리프라이즈

솔롱고

　　참 예뻐요

　　내 맘 가져간 사람

나영

　　참 예뻐요

　　내 맘 가져간 사람

솔롱고, 나영

　　참 예뻐요

　　당신 마음 나도 알아요

　　참 예뻐요

　　나와 닮은 사람

합창

　　라라라라~

솔롱고와 나영, 입맞춘다. 빨래가 바람에 날린다.

암전.

10장

다음해 초봄. 골목길.

트럭 정차하는 소리와 함께 무대가 밝아지고 이삿짐 아저씨가 서

있다.

이삿짐 아저씨　　빠뜨린 거 없는지 확인하고 이제 갑시다.

희정엄마와 주인할매, 이삿짐을 들고 바쁘게 등장.

희정엄마　　이게 마지막이에요.

이삿짐 아저씨　　(짐을 받아들고) 시간 없어요, 어서 갑시다.

이삿짐 아저씨, 트럭이 있는 곳으로 퇴장.

주인할매　　내가 희정엄마하고 나영이한테 면목이 없네.

　　　　　　이사 비용도 다 못 챙겨주고, 아직 날도 추운데

　　　　　　방을 빼라고 해서.

희정엄마　　아드님 사업이 잘 안 돼서 이사 온다는 걸

　　　　　　어쩌겠어요.

주인할매　　꼴 보기 싫다고 지 애미랑 동생 본 척 만

척하더니 잘됐지 그놈.

희정엄마 할머니, 나영이가 살림 차린다면서요? 아유,
연애면 모를까?
몽골 총각이랑 살림까지……

주인할매 아예 같이 사니까 잘된 거지. 외로운 서울살이
살 붙일 사람 하나 있는 거 그거 나쁘지 않은
거여.

희정엄마 그러면, 몽골 총각이랑 같이 살던 그 마이클
총각은?

주인할매 지난 겨울에 잡혀서 자기 나라로 쫓겨갔대.

나영 등장.

나영 아줌마! 언제 또 보죠?

희정엄마 우리 사는 게 다 그렇지 뭐. 나영인 좋겠어.
좋아하는 사람이랑 눈치보지 않고 한데 살
용기가 있어서.

주인할매 아이고 내 정신 좀 봐라. 여기 잠깐만 기둘리고
있어. (슈퍼로 간다)

나영 아줌마, 구씨 아저씬 안 오세요?

희정엄마 구씨, 안 와. 내가 방 빼게 생겼다고 하니까
진짜 같이 살자는 거야. 내가 싫다니까 삐친 거
있지.

나영	같이 사시지 그러셨어요.
희정엄마	삐쳐도 지가 한 달을 가겠어? 그러다 또 내 방에 놀러 오겠지. 아직은 이렇게 살래. 난 내 방 하나 차지하고 사는 게 속 편해.
나영	어디로 가세요?
희정엄마	동대문하고 가까운 데야. 그쪽이 방도 싸고. 너, 회사는 어떻게 됐어?
나영	일단은 파주에 있는 창고에 나가고 있어요. 그냥 관두면 실업 급여랑 재취업 교육도 못 받는대요. 실업자 되기도 힘드네요.
희정엄마	고생이네.

이삿짐 아저씨 등장.

| 이삿짐 아저씨 | (큰 소리로) 다 챙기셨으면 제발 갑시다. |

놀란 희정엄마, 겨우 발걸음을 뗀다. 이때 슈퍼문이 열리고
주인할매가 희정엄마를 불러세운다. 이삿짐 아저씨 답답해하며
돌아 나간다.

주인할매	자, 이거 하나씩 받아.
희정엄마	이게 뭐예요? (빨래 세제를 보고) 뭘 이런 걸 다 주세요.

주인할매	이별 선물로 세제가 어색하긴 해도 둘 다
	새집에 새마음으로 이사 가는 길이니까 내가
	선물하는 거야. 잘살어들. 나영인 종종 볼
	테지만.
나영	고맙습니다.
희정엄마	놀러 올게요.
주인할매	오지 마. 안 와도 돼. 거기 가면 또 거기
	사람하고 정붙이고 살아야지.
희정엄마	할머니 건강하세요, 따님도요. 나영이 잘살아.

이삿짐 아저씨 다시 등장.

이삿짐 아저씨	가자구요, 제발!
희정엄마	(모두에게 큰소리로) 안녕히 계세요! 안녕히
	계세요!

트럭, 후진하는 소리와 함께 무대에 등장.
희정엄마, 주인할매가 준 선물을 들고 이삿짐 트럭에 올라탄다.

주인할매	잘 가!
나영	안녕히 가세요!

트럭, 무대에서 사라진다.

잠시 후, 주인할매, 돈봉투를 꺼낸다.

주인할매	이건 보증금이고 또 이건 축의금이야.
나영	아니에요. 저희 결혼식도 안 하는데……
주인할매	결혼식 같은 거 안 해도 이 늙은이 축의금 정돈 받아도 돼. 잘살아.
나영	고맙습니다.
솔롱고	나영!
주인할매	어여 가봐. 총각 목 빠지것네.
나영	네, 가요!

나영은 솔롱고가 기다리는 옥상으로 달려간다.
솔롱고의 옥상, 솔롱고가 빨래를 널고 있다.

솔롱고	나영, (널던 빨래를 들어보이며) 이런 걸 다 빨아요? 새 걸로 사요.
나영	빨면 새 거 되는데 왜 또 사요. 빨리 돈 모아야죠.
솔롱고	돈 모아서 집도 사고……
나영	차도 사고, 여행도 가고, 공부도 하고.
솔롱고	아기도 낳고…… 나영, 나 나영한테 잘하고 싶어요.
나영	그럼, 투정부리지 말고 어서 널어요.

솔롱고   (큰 소리로) 네!

나영과 솔롱고의 웃음소리가 골목에 퍼져나간다.
빨래가 봄바람에 날린다.

퇴장했던 희정엄마는 이삿짐 아저씨와 함께 다시 등장, 미처 못
챙겨간 물건을 찾는다.
이삿짐 아저씨 화가 잔뜩 나 있다.
슈퍼에 물건값을 치르러 들어갔던 주인할매, 다시 무대에 등장.
골목 끝에 이삿짐을 들고 나타난 주인할매의 아들 부부.

18. 서울살이 몇 핸가요?―리프라이즈

모두

서울살이 몇 핸가요?
서울살이 몇 핸가요?
언제 어디서 왜 여기 왔는지 기억하나요?
서울살이 몇 핸가요?
서울살이 몇 핸가요?
언제 어디서 무슨 일 있었는지 마음에 담고
살아가나요?

희정엄마

서울살이 십 년, 네번째 적금통장 해지
남편 위해
자식을 위해
또 한번은 애인을 위해 방을 옮겼죠
이제는 날 위해 내가 살기 좋은 방으로
이사를 갑니다

주인할매

서울살이 사십오 년,
언제 어디서 무슨 일이 있었는지
어떻게 다 마음에 두고 사나
그냥 마음 가는 대로 살아들

나영

서울살이 육 년, 일곱번째 이사
낡은 책상, 삐걱이는 의자
보지 않는 소설책, 지나간 잡지
고물 라디오, 기억이 가물가물한 편지
그런 것들은 버리고 와요
버리고 버려도 세간살이, 집세, 내 나이
늘어가지만
내가 만날 사람도 함께 늘어갑니다

솔롱고

서울살이 육 년, 첫번째 사랑
내가 들었던 말

돈 없다, 빨리혜라 못난 놈아

내가 배운 말

고마워, 잘 지내, 또 만나요

그리고

사랑해요

솔롱고, 나영

나 너 우리 되기까지 얼마나 많은 시간을

보냈나요

그대 눈물, 그대 웃음이 담긴 사연

새겨질 방 찾아 떠돈 시간 얼마나 되나요

그대와 나 여기 살아온 시간만큼

살아갈 시간들

그대 잃어버린 꿈 그대 두고 온 꿈

다시 꾸어요

다시 꾸어요

모두

서울살이 여러 해, 당신의 꿈 아직

그대론가요?

나의 꿈 닳아서 지워진 지 오래

잃어버린 꿈 어디, 어느 방에 두고 왔나요?

빨래처럼 흔들리다 떨어질 우리의 일상이지만

당신의 젖은 마음

빨랫줄에 널어요

바람이 우릴 말려줄 거예요

당신의 아픈 마음

꾹 짜서 널어요

바람이 우릴 말려줄 거예요

당신의 아픈 마음

털털 털어서 널어요

우리가 말려줄게요

솔롱고, 나영

당신의 아픈 마음

우리가 말려줄게요

모두

우리가 말려줄게요

암전.

빨래, 끝.

히스토리

이 대본을 쓴 것은 2003년 10월입니다. 당시 한국예술종합학교 연극원 연출과 학생으로 졸업 공연을 앞두고 있었습니다. 〈옥탑방 위의 사랑〉이라고 가제를 정하고 옥상에서 빨래를 너는 장면을 처음 썼습니다. 당시 스태프와 배우들은 한국예술종합학교 연극원, 음악원, 전통원, 미술원 학생들이었습니다. 프로덕션을 만들고 육 주간 연습해서 12월 17일, 18일 이틀간 공연을 올렸습니다.

이후 2009년까지 대본을 수정하고 노래를 추가해서 지금의 완성된 대본이 되는 데 중요한 영향을 끼친 프로덕션의 배우들과, 현재 프로덕션의 스태프와 배우들을 소개합니다.

2003년 12월 17일~2003년 12월 18일

연극원 스튜디오, 제작 한국예술종합학교

나영	서나영
솔롱고, 정둘이	민준호
주인할매, 서점직원	차선희
희정엄마	오미영
빵, 낫심[8]	이재준
공장장, 서점직원, 출판사직원	이동규
구씨, 빵아들, 주인집사내	장세훈

---

8 현재 공연의 마이클과 동일 인물이다. 2009년 이후부터 배역의 이름이 바뀌었다.

2005년 4월 14일~2005년 5월 1일

국립극장 별오름극장, 제작 명랑씨어터 수박

나영	김영옥
솔롱고, 정둘이	민준호
주인할매, 서점직원	김현정
희정엄마, 김지숙	오미영
낫심, 남직원	장세훈
빵, 조씨	고승수
구씨, 공장장, 주인집사내	김승언

2006년 2월 17일~2006년 5월 14일

상명아트홀, 제작 명랑씨어터 수박·파임

나영	김영옥
솔롱고	임진웅
주인할매, 김지숙	박은영
희정엄마	오미영
빠꽁[9], 남직원, 이삿짐 아저씨	김중기
구씨, 빵, 조씨, 슈퍼주인	최진영
공장장, 공익요원, 빵아들, 주인집사내	박성일
신입직원, 정둘이	백미라

---

9 현재 공연의 마이클과 동일 인물로 배우에게 어울리는 미얀마 이주노동자로 설정을 바꾸어서 공연했다.

2008년 3월 15일~2008년 8월 17일

원더스페이스 네모극장, 제작 명랑씨어터 수박

나영	최보광, 황지영
솔롱고, 정둘이	김재범, 박시범
주인할매, 신입직원	이정은, 김서정
희정엄마, 김지숙	이미선, 윤미영
낫심, 남직원	김성현, 유제윤
빵, 조씨, 슈퍼주인	이영기
구씨, 공장장, 주인집사내, 이삿짐 아저씨	김희창

2009년 4월 28일~2009년 6월 14일

두산아트센터 연강홀, 제작 명랑씨어터 수박

나영	곽선영, 조선명
솔롱고	홍광호, 임창정
주인할매	이정은
희정엄마, 김지숙	서나영, 이승희
낫심, 남직원	정문성
빵, 조씨, 슈퍼주인	이영기
공익요원	박형수
구씨, 공장장, 주인집사내	김희창
서점 직원들	이세나, 김꽃무리, 최은주

2025년 10월 3일~오픈런

유니플렉스2관, 제작 씨에이치수박

작/연출 추민주, 작곡 민찬홍, 음악감독 김효환, 음악조감독 이예린,
안무 서정선, 무대 여신동, 조명 원유섭, 음향 이채욱, 의상 강동율,
분장 성소원, 조연출 박미주, 제작감독 김원희, 기획 이도원·이수지·
연회원·원예림, 컴퍼니매니저 이윤정, 경영지원 추지연,
프로듀서 박찬덕, 대표 최세연

나영	오주언, 기영수, 민하늘
솔롱고, 정둘이	류석호, 정형석, 류찬열
주인할매	최정화, 조영임, 서나영
희정엄마, 김지숙	허순미, 김은지, 김유정
마이클, 남직원	서인권, 박존정민, 김승현
빵, 조씨, 슈퍼주인	김지훈, 박준성, 황윤중
구씨, 공장장, 주인집사내	한우열, 안두호, 유우헌
신입직원, 정둘이	이가연, 김정윤, 최현희

작가의 말

뮤지컬 〈빨래〉가 무대에 오른 지 이십 년이 되는 해에 이 대본을 책으로 출판하게 되었습니다. 그동안 공연을 사랑해주시고 함께 걸어와주신 모든 분께 진심으로 감사의 마음을 전합니다.

무엇이든 꿈꿀 수 있고, 꿈꾸는 대로 나아갈 수 있다고 믿던 이십대 청춘의 서울살이에서 이 작품은 시작되었습니다. 그 길 위에서 만나고 헤어진 수많은 사람이 이 대본을 쓰는 데 큰 영감이 되어주었습니다.

서울에서 이십대의 학생이 홀로 생계를 책임지며 예술을 꿈꾼다는 것은 고된 일이었습니다. 하지만 서울은 단순히 힘없는 청춘과 이주민을 소모하는 차가운 도시만은 아니었습니다. 다리를 다쳐 길에 쓰러진 저를 오토바이에 태워 병원까지 데려다준 골목 어르신들, 사기를 당해 낙담하던 저를 위로하며 보증금 일부를 돌려주셨던 주인집 아주머니와 아저씨, 그리고 고된 노동 속에서도 제게 "고개 숙이지 말라, 당당히 서라"라고 말해주던 중국 교포 언니들…… 저는 그런 수많은 따뜻한 마음 덕분에 살아올 수 있었고, 그 이야기를 무대 위에 '빨래'로 담아내고 싶었습니다.

〈빨래〉가 하나의 공연으로 자리잡기까지는 함께 무대를 만들어온 배우들과 스태프, 후원자, 그리고 관객 여러분의

지지가 있었기에 가능했습니다. 신인 창작자가 가진 꿈과
상상력만으로는 공연 가능한 대본을 완성하기 어렵습니다.
지난 이십여 년 동안 함께해준 동료들이 있었기에 오늘의
〈빨래〉 대본과 공연이 존재합니다.

초연 프로듀서 최지원, 초연 기획 김언, 초연 음악감독
신경미, 초연 드라마터그 한혜정, 초연 안무자이자 초연
솔롱고 역을 맡았던 민준호, 초연 나영 역의 김영옥, 초연
희정엄마 역의 오미영과 더불어 모든 초연 배우, 초연
연주자, 초연 스태프에게 깊은 감사를 드립니다. 안무자
이소영(상명아트홀, 원더스페이스 네모극장, 학전그린
소극장), 후원자 이헌용(원더스페이스 네모극장),
프로듀서 김희원(원더스페이스 네모극장, 알과핵 소극장,
두산아트센터 연강홀, 학전그린 소극장), 현재 공연의
안무자 서정선, 음악감독 김효환, 음악조감독 이예린, 조명
디자이너 원유섭, 음향 디자이너 이채욱, 분장 디자이너
성소원, 의상 디자이너 강동율, 조연출 박미주, 제작감독
김원희, 기획 이수지, 경영지원 추지연, 프로듀서 박찬덕 외
제작사 씨에이치수박의 직원들, 배우 이정은을 비롯한 모든
출연 배우들, 특히 천 회 이상을 공연한 배우 김지훈, 진미사,
한우열, 심우성 배우에게 다시 한번 감사를 드립니다. 창작의
시작이었던 연극원 학생시절부터 지금까지 함께하고 있는
세트 디자이너 여신동, 작곡가 민찬홍, 씨에이치수박 대표

최세연에게 감사의 마음을 전합니다.

　마지막으로 몽골 친구 아마르, 대구 가족, 관객의 인연으로
만나 제 평생의 동반자가 된 반달이 아빠에게도 감사의
마음을 전합니다.

빨래

ⓒ 추민주 2025

1판 1쇄 인쇄 2025년 11월 3일　　　1판 1쇄 발행 2025년 11월 11일

지은이 추민주
펴낸이 김민정
책임편집 정가현
편집 유성원 정수범
디자인 퍼머넌트 잉크
저작권 박지영 형소진 주은수 오서영 조경은
마케팅 정민호 박치우 한민아 이민경 박진희 황승현 김경언
브랜딩 함유지 박민재 이송이 박다솔 조다현 김하연 이준희
제작 강신은 김동욱 이순호
제작처 영신사

펴낸곳 (주)난다
출판등록 2016년 8월 25일
제406-2016-000108호
주소 10881 경기도 파주시 회동길 210
저작권 및 독자문의 copyright_nanda@munhak.com
작가섭외 및 행사문의 innanda@munhak.com
페이스북 @nandaisart　　　**엑스** @wingedpoems
인스타그램 @nandaisart
문의전화 031-955-8875(편집) 031-955-2689(마케팅) 031-955-8855(팩스)

ISBN 979-11-24065-09-9 03680